Shanghai City Image and Soft Power in International Media

国际媒体中的上海全球城市图景与软实力研究

内容提要

本研究通过对国际媒体涉沪新闻的分析，揭示了国际主流媒体和国际社交媒体中的上海城市形象传播的宏观与微观特点及特征，多维度考察了海外普通公众对上海城市形象的概念构成和情感倾向。通过国际媒体大数据，构建了基于国际媒体视角下的全球城市软实力评估指标体系，并以上海全球城市形象为例，对全球城市形象生成机制进行了理论阐释，探索了国际城市形象与软实力理论创新的路径，可为学界研究提供参考。

图书在版编目(CIP)数据

国际媒体中的上海全球城市图景与软实力研究 / 欧阳剑，郭可著. -- 上海 ：上海交通大学出版社，2024.9
ISBN 978-7-313-31536-6

Ⅰ. G127.51

中国国家版本馆 CIP 数据核字第 2024SV8598 号

国际媒体中的上海全球城市图景与软实力研究
GUOJI MEITIZHONG DE SHANGHAI QUANQIU CHENGSHI TUJING YU RUANSHILI YANJIU

著　　者：欧阳剑　郭　可
出版发行：上海交通大学出版社　　地　　址：上海市番禺路 951 号
邮政编码：200030　　电　　话：021 - 64071208
印　　刷：苏州市古得堡数码印刷有限公司　　经　　销：全国新华书店
开　　本：710mm×1000mm　1/16　　印　　张：11.75
字　　数：215 千字
版　　次：2024 年 9 月第 1 版　　印　　次：2024 年 9 月第 1 次印刷
书　　号：ISBN 978 - 7 - 313 - 31536 - 6
定　　价：69.00 元

目　录

引　言

城市形象是公众对于城市的物质资源、人文环境、历史文化、精神气质等要素的综合印象与评价。在城市间发展竞争日益激烈的今天，城市形象已成为一座城市软实力的重要构成部分。公众对于城市的认知主要源于自身感知与媒介呈现，但由于公众自身活动水平的有限性，后者往往在城市形象建构过程中起着更为关键性的作用：以报纸、电视、广播、短视频、社交媒体等为代表的大众媒介是联通城市与民众之间沟通与认知的桥梁，随着信息传播技术的发展与进步，人们已主要依赖于大众传媒来获取相关资讯，并为城市形象的自我建构提供了更为多元化的渠道，媒体在城市内容的国际传播与城市形象的构建中始终发挥着主导作用。

当今世界处于“百年未有之大变局”，国际舆论场域日益复杂，在此背景下，习近平总书记提出要进一步加强我国国际传播能力建设，是在我国发展阶段和内外部环境深刻变化背景下作出的重大战略部署。上海作为长江三角洲区域的核心城市，同时也作为我国的国际经济、金融、贸易和航运中心，应当加快推进国际大都市形象的塑造和国际传播，实现习近平总书记提出的“展示真实、立体、全面的中国”“塑造可信、可爱、可敬的中国形象的目标”。

第一节　研究背景与意义

一座城市的宏观整体形象不是单一由其本国媒体建构，而是由国内外颇具影响力的主流媒体共同形塑，特别是全球城市形象，更是通过国际媒体来塑造。全球各国媒体报道中对于某一城市形象的叙事往往受到意识形态、外交关系、国家利益等多重因素的影响，导致国际范围内城市形象展现出多元化、复杂化、区域化等特征。本研究旨在为进一步提升上海城市软实力和国际传播力、影响力提供对策建议，因而具有重要的现实意义与研究价值。

(1)本研究揭示了国际主流媒体和国际社交媒体中的上海城市形象传播的宏观与微观特点和特征，考察了国际媒体和社交媒体话语中上海城市形象的区域分布及共性与个性特征，全方位了解不同区域媒体和海外普通公众关注的涉沪话题和信息需求，为探究讲好上海故事、提升上海国际形象的路径和策略奠定了基础。

（2）对全球不同区域普通公众对上海城市形象的认知、情感、接受度进行了分析，多维度考察海外普通公众对上海城市形象的概念构成和情感倾向，揭示了上海城市形象国际传播的效果与影响力，获取上海城市形象国际传播的接受路径，为提升上海城市形象国际传播特色与发展重点提供参考。

（3）通过国际媒体大数据，根据实际测评中数据的可得性，参照其他现有国际城市软实力指标评估体系，对全球国际性城市软实力评估指标进行量化构建，客观地从媒体角度描述出城市形象构建的要素与权重，构建了基于国际媒体视角下的全球城市软实力评估指标体系，为上海在国际大都市建设方面取得的成效与发展空间提供了重要的参照维度。

（4）通过对 2017—2021 年间的国际媒体涉沪新闻报道分析，以及上海外国语大学中国国际舆情研究中心长年对国际主流媒体涉沪新闻报道分析，以上海全球城市形象为例，对全球城市形象生成机制进行了理论阐释，并提出了上海全球城市软实力建设与全球传播路径构建。

第二节　研究现状与趋势

目前关于上海城市形象的研究大多集中在国内。在“中国知网”上以“上海城市形象”为主题进行检索，共找到 254 篇相关学术研究。经过初步梳理，这些研究大致围绕“上海城市形象的对外传播”“上海城市形象传播的渠道探索”及“国内外重大事件与上海城市形象传播”等方向展开。

国际视野下的上海城市形象相关研究中，大多是运用框架理论对国际媒体上的涉沪报道进行内容分析，探究上海形象在媒介上如何呈现。例如薛可、栾萌飞对比了十年间中美新闻框架下的上海形象，研究发现《中国日报》冷落了上海旅游的主题，但该主题却是《纽约时报》关注的热点，并在媒介中勾勒出充满吸引力且迸发蓬勃活力的上海旅游形象，且多为正面报道①。付翔等探究了八年间《纽约时报》和《泰晤士报》中的上海媒介形象，发现两家国际媒体对上海报道有政治化倾向的归因定势，且在讨论上海文化现代性的同时忽视了对城市历史文脉、人文情怀的观察②。西方媒体对“他者”的报道大多具有政治化倾向，上海大多以城市媒介事

① 薛可，栾萌飞.中美新闻框架下的上海形象建构——基于《纽约时报》与《中国日报》的对比研究（2007—2016）[J].新闻记者，2017(03)：63-70.

② 付翔，徐剑.《纽约时报》和《泰晤士报》中的上海形象研究（2010—2017）[J].新闻界，2020(02)：80-87.

件的形式在西方媒体中出现。

关于上海城市形象的对外传播，郭可以上海为例，深入地从学理性层面对全球城市形象的生成机制进行理论阐释，认为上海国际城市形象的生成主要源于全球媒体的议程设置与报道框架选择①。因此，上海媒体正不断寻求与国际主流媒体进行合作，制作城市形象纪录片，以借助其全球传播渠道覆盖至更广泛的受众群体②。除了依靠全球媒体的国际影响力外，学者费雯俪与童兵通过对海外三大时尚媒体涉沪报道的实证研究，发现"海外品牌入驻上海"是首位议题，从"海派时尚文化"的新颖视角提出了上海城市形象对外传播的相关优化路径，如构建"海派时尚文化"对外传播标识系统，突出具有国际辨识度的个性化城市符号；依托上海时装周打造"国际时尚之都"的城市品牌形象并建立城市时尚文化传播机制等③，以进一步提高上海城市形象的国际知名度。

对于上海城市形象传播的渠道探索，目前已有研究主要集中于传统主流媒体、社交媒体（如微博、微信公众号、小红书等）、视频媒体（如抖音短视频、宣传片、纪录片）等开展的城市形象传播活动。

传统主流媒体中的上海城市形象传播研究主要聚焦国内外知名媒体对于上海的相关报道，并对其进行内容分析，探索报道背后所建构的上海城市形象，如王仲昀的《〈新民周刊〉封面报道中的上海城市形象建构研究（2015—2018）》④、彭莹的《西方媒体对上海城市形象的刻画——基于〈纽约时报〉15 年对上海报道的内容分析》⑤、董琇的《美国媒体笔下的江南城市形象研究——以上海、苏州为例》⑥等。

目前关于上海形象的研究大多是以报媒的新闻活动作为研究对象，但新媒体的迅猛发展重构了媒介生态，在人人传播的环境下，每一个人都能够成为对外传播的主体，甚至有一定的概率在传播场中发挥相当的影响力。在新媒体时代，微博、微信公众号、小红书等新兴社交媒体是当下上海城市形象传播的重要渠道。微博因其信息传播高效、反馈互动性强等特性导致城市形象的传播范围、传播模式等发

① 郭可，陈悦，杜妍.全球城市形象传播的生成机制及理论阐释——以上海城市形象为例[J].新闻大学，2018(06):1-8+146.

② 上海市人民政府新闻办公室."魅力上海"城市形象对外传播的探索[J].对外传播，2018(10):62-64.

③ 费雯俪，童兵."海派时尚文化"的媒介镜像：上海城市形象对外传播的优化策略[J].现代传播（中国传媒大学学报），2021,43(09):28-33.

④ 王仲昀.《新民周刊》封面报道中的上海城市形象建构研究（2015—2018）[D].上海：上海师范大学，2019.

⑤ 彭莹.西方媒体对上海城市形象的刻画——基于《纽约时报》15 年对上海报道的内容分析[J].报刊荟萃，2017(11):27+29.

⑥ 董琇.美国媒体笔下的江南城市形象研究——以上海、苏州为例[J].同济大学学报（社会科学版），2019,30(04):103-114.

生质变[①]，在此背景下学者刘洋和谭蓓提出上海城市品牌的微博营销策略[②]，助力城市形象传播。学者郑子然指出目前“上海发布”等政务微博在城市形象建构过程中存在功能定位模糊、与公众缺乏互动、管理机制薄弱等问题，并提出应贴近群众需求、改善互动方式、提升运营质量[③]等改善措施。通过微信进行的城市形象传播则主要依靠打造微信矩阵，如将各类与“上海发布”相关的微信公众号集结在同一平台以整合内容资源、塑造独具特色的上海城市形象[④]；而小红书则主要通过其UGC的运作模式，借助用户个体叙事的方法参与上海城市形象的建构。在社交媒体平台上，游客展示出来的影像是深入城市脉络的市井生活，更加关注城市的人文情怀，不仅能够补充西方媒体报道中的视角缺失，而且整体构建出的正面上海城市形象能够潜移默化地化解西方媒体语境中的负面形象。

此外，城市宣传片与抖音短视频是目前视频媒体进行城市形象传播的两大主要形式。作为城市形象的重要载体[⑤]，上海所发布的城市宣传片整体上有利于在受众心中塑造正面的上海城市形象，但同时也面临着市民角色缺失、表达手段僵硬、内容连贯性不佳等缺陷[⑥]。对此，学者殷雪涛指出，对于上海而言，其城市形象宣传片应放弃“宏大叙事”的视角，聚焦常态化市民生活，连贯展示城市发展与变迁，并充分利用新技术助力传播效果的提升。此外，相关宣传片制作还应根据城市形象定位进行相应调整，并在对外传播过程中顾及文化间的差异性[⑦]。不同于官方发布的城市宣传片，学者施明远认为以抖音为代表的短视频平台凭借其趣味性、多元内容、传播范围广等优势，极大影响用户对城市形象的关注度。目前抖音短视频中对于上海城市形象的建构主要停留在建筑、美食、旅游度假及招商引资等层面，一方面通过城市建筑打造独特风情，另一方面借助独有美食传递魔都生活特色。在抖音短视频的形塑中，上海城市形象展现出了前所未有的传播新特点，如打破单一信息壁垒，实现民众视频传播话语权；弘扬城市草根文化，彰显上海人情味

---

① 林伟豪，廖宇，翁晓玲.政务微博的政府品牌形象塑造策略——以“@上海发布”新浪政务微博为例[J].东南传播，2012(09)：41-43.

② 刘洋，谭蓓. 基于微博模式的城市品牌营销研究[J]. 黑龙江对外经贸，2011(05)：105-106.

③ 郑子然.政务微博对政府形象塑造的研究——以“上海发布”与“合肥发布”为例[J].黑龙江人力资源和社会保障，2021(12)：9-11.

④ 祁慧媛，薛雯.“上海发布”微信公众号——微信矩阵模式的构建策略解析[J].新闻传播，2017(04)：94-95.

⑤ 王思宇，薛可.宣传片对城市形象的传播效果分析——以上海为例[J].新闻研究导刊，2017，8(01)：29+64.

⑥ 殷雪涛.城市宣传片对城市形象的塑造力研究——以五部上海形象宣传片为例[J].新媒体研究，2019，5(22)：119-121.

⑦ 王思宇，薛可.宣传片对城市形象的传播效果分析——以上海为例[J].新闻研究导刊，2017，8(01)：29+64.

符号等[1],助力上海形象更为人所知。

自20世纪起,西方学者便认为城市化与大型城市事件之间的联系密不可分[2],因此"国内外重大事件与上海城市形象传播"亦成了学界城市形象研究的一大热点,重点聚焦世博会、进博会及相关重大体育赛事对上海城市形象的影响。如学者纪文慧与王大可以世博会和进博会开幕前后各一个月内全球12家代表性媒体有关上海的报道为研究对象,建构相关城市形象分析模型,通过计算机分词聚类法与内容分析,对比了上海城市国际形象在这两大重大事件发生前后的变化,并指出近年来创新元素推动上海城市形象更新,世博与进博共同助推上海"机会形象"效应溢出[3]。学者史菲认为大型体育赛事目前已成为上海城市现代化的一大重要标志,其所产生的经济、社会、文化等综合效益使得大型赛事是其城市形象的主要载体之一。为了更好地让体育赛事服务于上海城市形象建构,上海应合理规划利用大型体育场馆,塑造城市特色视觉形象,并提炼城市精神融入赛事宣传,在此基础上形塑城市理念特色,让上海城市形象更为大众所知[4]。

城市形象的多模态研究目前已经引起了广泛的关注。多模态研究是指通过多种不同的模态或者符号系统,如视觉、听觉、触觉、嗅觉等来研究城市形象。这种研究方法可以更全面、更深入地揭示城市形象的内涵和特点。在城市形象的多模态研究中,视觉元素是最重要的一部分。城市规划、建筑风格、景观设计、广告牌和标识系统等都会影响人们对城市的视觉感知。这些视觉元素不仅体现了城市的物质空间和环境状况,也反映了城市的历史文化、社会风俗和价值观念。例如,宽阔的街道、高耸的摩天大楼、精美的建筑物和繁忙的商业区等视觉元素,可能会让人感受到城市的现代化和繁荣。每座城市都以其独特的符号,向人们传递不同文化、历史、风情,通过城市符号的传播,通过视频图片等可以有效地建立起人们关于城市的直观印象。目前不少学者通过视频开展城市形象研究。比如,刘昊和夏王婷通过对电影《火锅英雄》和《从你的全世界路过》中的重庆城市形象建构进行研究,对两部电影的创作亮点分别提出了城市形象建构的对策建议[5]。李华君和张婉宁从具体的媒介事件入手,分析了在G20峰会期间杭州城市形象片的城市符号运用,从符号学角度分析城市形象的构建问题[6]。赵志奇以央视纪录频道推出的《城市

---

① 施明远.颠覆与重塑:基于抖音短视频的上海城市形象传播建构[J].西部广播电视,2020(04):67-68.

② 史菲.举办大型体育赛事对提升上海城市形象的策略研究[D].上海:上海体育学院,2013.

③ 纪文慧,王大可.从世博到进博:上海全球城市形象的传播与变迁[J].东南传播,2019(04):56-59.

④ 史菲.举办大型体育赛事对提升上海城市形象的策略研究[D].上海:上海体育学院,2013.

⑤ 刘昊,夏王婷.电影对城市形象多元化构建——以重庆为例[J],传媒论坛,2019(22):21-23.

⑥ 李华君,张婉宁.G20期间杭州城市品牌符号体系建构——基于杭州城市形象宣传片的内容分析[J].品牌研究,2016(05):81-89.

24 小时》纪录片为研究对象，分析了镜头中对成都、武汉等城市的风土人情、烟火气息、城市行为的描绘方式，强调了纪录片对城市符号解构和重塑的重要意义①。

从研究方法上来看，现有研究大部分以质化研究为主，少部分学者将定性与定量方法相结合，主要通过文本分析、内容分析、问卷调查法、个案研究进行数据获取和解读。杨凯在调查外国人对广州城市印象中投放了 300 份问卷，通过设置广州城市印象、媒介使用习惯和信息需求这三大板块问题，提出建立效果评估体系等方面的新传播思路②。此外，少数学者构建了理论模型。如何春晖、陈露丹建构了 360 度城市品牌国际化传播模型，并将其划分为城市形象、城市国内形象、城市国际形象三个层次，以城市价值传播为轴心形成城市的理念识别系统（MIS）③；黄俊、何兴舟基于扎根理论，通过整理海外社交媒体平台 YouTube 上关于重庆国际旅游的相关评论，构建了发展、建设、生活、饮食、娱乐、自然六个维度的评价模型，以推动制定海外旅游策略④；何国平构建了基于利益相关者策略、大众传媒策略、城市营销策略和文化策略四者交互作用力的金字塔结构，针对不同的传播类型进行划分，以实行不同的传播策略⑤。

总体而言，当下国内外学者关于城市形象的研究已初具规模体系，对于"城市形象""上海城市形象"等议题有了相当丰富的研究成果，但仍存在着以下不足：首先，从研究方法上大多是采用个案与定性来研究上海城市形象，数字技术引发社会根本性变革，数据驱动型研究为社会研究提供了新的机遇，大数据分析技术更是为城市形象研究奠定了基础，能够深入研究数字时代城市传播的特点与趋势。其次，从研究视角来说，缺乏国际媒体视角下对上海的全球城市形象的总体认知，缺乏多模态的研究角度，缺乏多维度海外普通公众对上海城市形象的概念构成和情感倾向，也缺乏国际媒体视角下上海的全球城市形象与其他国际城市形象的对比分析，更缺乏基于国际媒体视角下的全球城市软实力评估指标体系。

---

① 赵志奇.视觉・行为・理念——纪录片《城市 24 小时》对城市形象的建构研究[J].中国电视，2020(07)：36-39.

② 杨凯.城市形象对外传播的新思路——基于外国人对广州城市印象及媒介使用习惯调查[J].南京社会科学，2010(07)：117-122.

③ 何春晖，陈露丹.城市品牌国际化传播中的讲故事模型探索——基于杭州的定性研究[J].对外传播，2018(06)：23-26.

④ 黄俊，何兴舟.重庆国际旅游媒介形象研究——基于海外社交媒体用户的扎根理论分析[J].时代经贸，2022，19(11)：133-136.

⑤ 何国平.城市形象传播：框架与策略[C].世界城市战略，北京 2010 博士后学术论坛，2010.

第三节 研究内容与研究目标

一、研究内容

本研究以数据驱动为基础，在新闻框架理论下对国际主流媒体涉沪报道量、报道议程、报道的态度和特点、信息源等进行分析，揭示国际主流媒体和国际社交媒体中的上海城市形象传播的宏观与微观特点和特征，全方位了解不同区域媒体和海外普通公众关注的涉沪话题和信息需求，为探究讲好上海故事、提升上海国际形象的路径和策略奠定了基础。通过对北美洲、欧洲、亚洲等区域和一带一路沿线国家普通公众对上海城市形象的认知、情感、接受度进行分析与调研，多维度考察海外普通公众对上海城市形象的概念构成和情感倾向，以及国外普通公众的媒体渠道偏好，从而了解上海城市形象国际传播的接受路径，为提升上海城市形象国际传播特色与发展重点提供参考。

通过与全球知名国际大都市（纽约、伦敦、巴黎、东京、新加坡等）的对比分析，详细阐述案例城市形象建构方面的发展进程，解释案例城市国际传播的特色，评估取得的成效，总结可借鉴的经验或教训，以达到借鉴国内外城市国际形象建构和软实力建设方面的应对经验。通过国际媒体大数据对全球知名国际大都市（纽约、伦敦、巴黎、东京、新加坡等）议题及情感进行分析，并结合文献调研，构建基于国际媒体视角下的全球城市软实力评估指标体系，揭示上海在国际大都市建设方面取得的成效与发展空间，并为提升上海城市软实力和国际传播能力提供了对策建议。具体内容主要包括：

（一）国际主流媒体视域下的上海城市国际形象研究

基于对国际主流媒体报道量、报道议程、报道的态度和特点、信息源和重要人物等数据的分析，考察全球媒体对上海城市的关注度和上海城市形象在国际主流媒体报道中的总体传播状况，把握上海城市形象传播的宏观特点。

本研究将基于北美洲、欧洲、亚洲等区域和“一带一路”沿线国家的主流媒体话语，考察上海城市形象国际传播的区域分布及共性与个性特征，了解不同区域关注议题和信息需求与本土社会发展的关系，从而获得上海城市形象传播的国别区域特征。

（二）国际社交媒体视域下的上海城市国际形象研究

海外社交平台由于其传播受众的广泛性、传播主体的多样化、传播内容的日常化、传播途径的场景化等已经成为城市形象国际传播的重要载体。本研究将基于社交媒体用户位置标签信息，考察国际社交媒体中上海城市形象的区域分布及共性与个性特征。基于对涉沪发文量、高频关键词、热门话题、核心物质标识和核心非物质标识识别和情感态度等数据的分析，考察 Twitter（今 X）、Facebook 等国际社交媒体中呈现的上海城市形象和传播状况，了解不同区域社交媒体用户关注的话题和信息需求。

近年来，在 YouTube 等视频类国际社交媒体中传播上海城市形象的主体不仅包括国家级媒体，还包括在华旅游或居住的“洋网红”。探究国际视频类社交媒体中洋网红涉沪视频的关注度（如文化遗产、体育赛事、名胜古迹、自然资源等上海城市文化符号）、情感态度和视频的传播效果，挖掘出有巨大吸引力和传播力，能快速集聚人气并且提高城市认知度的上海城市文化符号，在此基础上，探究讲好上海故事、提升上海国际形象的路径和策略。

（三）上海城市形象的海外认知与认同研究

由于不同受众所处的文化背景和价值观存在差异，受众对上海城市形象的认知和态度不同，对国内外城市形象相关文献进行梳理，构建以认知度和认同度为维度的上海城市形象的海外传播与接受效果评估框架。通过网络用户地理数据分析，进一步考察不同区域国家海外普通公众对上海国际大都市的多维形象的认知与认同，调查国外普通公众的媒体渠道偏好，从而了解上海国际形象建立路径。在此基础上，揭示上海城市形象国际传播的效果与影响力，为提升上海城市形象国际传播特色与发展重点提供参考。此外，通过兼顾不同地区、不同群体的认知差异，制定上海国际形象传播的精细化策略。

（四）全球城市图像案例对比研究

通过与全球知名国际大都市（纽约、伦敦、东京等）和国内其他城市群（以香港为中心的南部珠江三角洲和以北京为中心的京津冀都市圈和其他长三角地区城市）的对比案例分析，详细阐述案例城市形象建构方面的发展进程（困难、解决方案、发展理念和模式），解释案例城市国际传播的特色，评估取得的成效，总结可借鉴的经验或教训，以达到借鉴国内外城市国际形象建构和软实力建设方面的应对经验，展望上海城市国际形象传播的动态演化趋势。

（五）全球城市软实力评估指标体系构建

对国内外软实力文献和相关智库的全球城市实力评估指数进行梳理，构建一套由三级指标构成的城市软实力评价指标体系。一级指标是对城市软实力的综合反映，下设包含文化号召力、文化产业和形象传播力等方面的二级指标，从不同方面反映城市文化软实力；每个二级指标均下设多个三级指标，反映城市软实力的具体指数。在确定各项指标的基础上，邀请城市形象和城市外交领域专家及政府机构相关部门进行 2 轮次的专家咨询，以德尔菲法和层次分析法对三级指标体系的权重进行分析与确定。基于此，构建城市软实力评估框架，揭示上海在社会主义现代化国际大都市建设方面取得的成效。

（六）全球城市形象生成机制的理论阐释

通过对 2017—2021 年连续 5 年的国际媒体涉沪新闻报道分析，以及上海外国语大学中国国际舆情研究中心长年对国际主流媒体涉沪新闻报道分析，以上海全球城市形象为例，对全球城市形象生成机制进行了理论阐释，并提出了上海全球城市软实力建设与全球传播路径构建。

二、研究目标

（1）考察上海城市形象在国际主流媒体和国际社交媒体的宏观与微观状况，考察上海城市形象国际传播的区域国别特征，了解不同区域主流媒体和社交媒体用户关注的话题和信息需求，提出上海国际形象传播的精细化策略。

（2）根据不同区域海外普通公众的认知和接受状况，对上海城市形象海外传播效果及影响因素做出较客观的分析和描述，根据评估结果，为上海城市形象国际传播提出有针对性的建议。

（3）通过对比其他全球国际大都市（纽约、伦敦、东京和新加坡等）和国内其他代表性城市的城市形象建构经验和教训，借鉴相关城市国际形象建构和软实力建设方面的应对经验。

（4）构建国际城市软实力评估框架，揭示上海在国际大都市建设方面取得的成效和上升空间，为提升上海城市软实力提供对策建议。

第四节　研究创新

一、研究方法

媒体数据驱动的城市形象及软实力研究成为重要途径，本研究将传统分析方法的理论驱动与数据驱动结合起来，通过双向互动，有机融合推进分析城市形象如何在媒体报道中形成、建构与传播。由于不同受众所处的文化背景和价值观存在差异，受众对城市形象的认知和态度不同，在城市形象国际传播中细分受众，更好地应对不同受众的需求和偏好。考虑到主流媒体、社交媒体、大众媒体传播的效果的差异性，将这几种媒体都纳入分析范畴，结合多种研究方法探索不同国际媒体中城市形象的建构。

因此，在研究方法上，本研究在框架理论视角下，以数据驱动为基础，将媒体文本量化，进而在框架内呈现不同角度的城市形象元素，通过主题建模、聚类分析等手段考察传播话语关注热点，采用算法将情感词进行情感归类，综合文献调研构建国际城市软实力评价指标体系。

二、提出智库意见

上海城市形象国际传播不能拘泥于单向、灌输式的传播，而是双向、互动式的共同交流，从海外普通公众角度和话语体系出发，观察现有传播内容和传播策略，评估传播效果和接受度，方能做到知己知彼，减少国际传播中的“文化折损”现象，增强上海城市形象国际传播的实效。

提升上海城市全球传播力，应该立足海外传播话语分析和受众分析，反映出海外普通公众的选择偏好，勾画出包含传播度、认知度和认同度在内的认知与接受状况，从而可以针对目标地区的区域性与时代特征，制定多元精细化动态传播策略，打造全媒体城市传播体系，构建多语种城市传播体系，做好标志性重大事件传播，挖掘与推广标志性城市品牌与特色，强化危机传播化解与回应制度，提高上海城市形象的海外传播效度。

三、决策建议

城市形象作为城市软实力的重要组成部分，城市形象有助于城市软实力的提高，做好城市形象的塑造与传播尤为重要。同纽约、东京、伦敦等其他国际大都市相比，上海的城市软实力影响相较其城市地位和影响还存在不对称、不均衡的制约问题，上海大力创新话语体系，全面提升国际传播能力和国际影响力，在一步步崛起发展的同时，塑造城市品牌形象，通过国际媒体提升上海城市软实力。全球一线城市国际形象建构和软实力建设对上海城市形象构建具有重要借鉴意义，借鉴创意城市标识，树立起良好的城市形象；打造特色地标，多角度利用建筑空间；在城市形象建设方面，多方合作，共同参与城市形象营销；在政府的城市政策指导下，推动文化产业发展以提升城市形象。

四、理论创新

基于上述对上海的国际媒体和社交媒体以及海外受众和软实力综合指标的分析和建模，对全球城市软实力、城市传播和认知等方面提出了新的理念并探索理论创新的路径，并以上海全球城市形象为例，对全球城市形象生成机制进行了理论阐释。

第一章　国际媒体视角下城市图景与软实力研究理论与方法

城市形象是构成城市的所有因素的综合外显，是社会公众对城市形成的认知或印象的总和，它是多个印象的叠加，包括城市的地理位置、市区建筑、空间布局、周边环境、历史传统、人文氛围等（杨加成、杨军，2009）。研究城市形象的建构和维护，需要科学地分析国内外民众对目标城市形象的认知情况。多维度地有效评估不同国家和地区民众对于目标城市形象的认知，不仅有利于从他者视角挖掘城市的自然、历史和文化元素，而且能为提炼城市形象的核心价值、管理维护城市形象提出指导性建议，为决策者选择行之有效的城市形象规划与宣传策略提供理论依据。

城市形象是一个多维度动态的建构过程，与同期的经济、技术和文化等结构要素的合理配置密切相关，特别是当前数字媒介技术的发展及城市传播研究范式的兴起，为城市形象注入全新的时代内涵与技术灵韵①，在当下媒介化生存的社会中，城市形象已无法脱离新闻媒体的塑造与构建。随着中国社会转型期的到来以及数字媒介技术的发展，国际媒体对城市形象的报道和塑造起到重要的作用，人们对于一个城市的认识除了亲身体验之外，实际接触到的城市信息还是主要来自媒体，很大程度上来自大众媒体对于城市空间和城市形象的叙述和建构，意大利学者约翰・富特赋予“城市形象”新的维度，认为“城市形象”离不开大众媒介在拟态环境中建构的“媒介形象”，是人们对城市的“主观印象”②，更为注重拟态环境中的“媒介形象”，反过来，城市形象也在大众媒体的叙述中不断被赋予新的“身份”和角色（贾丽萍，2020）。在此崭新的语境下，城市形象应依循当前媒介的物质性转向趋势，探索数字媒介中构筑的多维场景传播城市文化，建构城市形象。

---

① 李颖.新时代城市形象的传播与数字场景重构[EB/OL].[2022-05-24]. https://www.cssn.cn/xwcbx/cbx/202301/t20230103_5577757.shtml.

② Foot. J. M. From boomtown to bribesville: the images of the city, Milan, 1980-97[J].Urban History, 1999, 26 (3): 393-412.

第一节　全球城市形象传播与城市软实力理论

一、城市形象概念

关于“城市形象”这一概念，美国城市规划专家凯文·林奇(Kevin Lynch)1960年在其出版的著作《城市意象》(The Image of the City)一书中首次提出了“城市形象”概念，他强调城市形象主要是通过人的综合“感受”而获得，是通过对城市的环境形体的观察来实现的，这离不开城市道路、边沿、区域、节点和标志等物质元素，每一座城市都会形成一定的公众印象[①]。城市形象是公众对城市的经济资源、基础设施等物质要素和历史文化等非物质要素的整体印象和评价，既体现了城市的历史积淀和发展现状，也包含了对城市未来发展潜力的展望(钱志鸿、陈田，2005)。学者刘易斯·芒福德随后在其《城市发展史：起源、演变和背景》一书中指出城市形象即公众对某一城市的主观印象，这一印象往往是由大众传媒、个人经历、人际传播等多重元素共同形塑而成的。

国内学者何国平认为，城市形象是国家形象的子系统，主要由精神形象、行为形象和视觉形象三个层次构成[②]。在此基础上，城市形象是一个内涵丰富、多元的概念，可以进一步具体化为“实体城市形象”“真实城市形象”及“虚拟城市形象”等不同指向的概念。实体形象即一个城市的总体景观风貌，既包括城市规划布局、城市环境、城市建筑等硬件系统，又包括政府行为、市民素质等软件系统。虚拟形象则指城市内部外部公众对城市的总体信念与印象，即一种“经过评估的城市形象”。学者陈映在后续的研究中进一步指出，城市形象是公众对某一城市的内在综合实力、外显表象活力和未来发展前景等诸多要素的具体感知、总体看法和综合评价[③]。后续的研究把城市精神、城市文化以及政府行为、市民素质等内容纳入，由此形成一个综合定义：城市形象是指公众对一个城市的内在综合实力、外显表象活力和未来发展前景的具体感知、总体看法和综合评价，反映了城市总体的特征和风格。

从以上的几个对城市形象的概况中，可以认为城市形象具有这样几个特性：第一，城市形象是一种主观上的感知和评价，是公众对一个城市的总体印象、整体感

---

① [美]凯文·林奇.城市意象[M].北京：华夏出版社，2001：35-64.

② 何国平.城市形象传播：框架与策略[J].现代传播(中国传媒大学学报)，2010(08)：13-17.

③ 陈映.城市形象的媒体建构——概念分析与理论框架[J].新闻界，2009(05)：103-104+118.

知和综合评价，是人们对城市信息筛选后的直接感知，或者说是城市客观意义上的局部要素在人们认识中形成的“整体主观感觉”，即接触的是城市的局部，意识的结论是城市的“整体说明”；第二，城市形象的主体是人，这种认知和评价是城市的受众做出的，既包括城市内的城市居民，也包括不属于这个城市的人们，是所谓的大众做出来的，不是个人的；第三，城市形象是一个整体的意义，是基于一个局部、某一个方面或某几个方面的认识之后对城市的一种整体性的主观感知；第四，城市形象是可以描述的，可以用概括性的语言进行描述；第五，城市形象是作为审美主体的人的审美客体而存在的对象物，它从“形”的方面反映了城市的审美属性，它是人们通过审美感观，在对城市形式结构系统获得感知的基础上，实现对城市进行审美的判断获得的美感的中介环节，由于城市形象是既是一种客观存在的意义，又是人们的主观感受，是一种主客观结合的结果，由于主观的理解性的差异，对城市形象的认知和说明解释不是唯一的；第六，城市形象本身是大众的一个共同的认识，是大众对城市不同的感知和评价的一个交集，虽然交集不一定只有一个，但是它是相交重叠汇合而成的。

二、全球城市定义

早在 1991 年，美国城市社会学家萨斯基亚·萨森 (Saskia Sassen)就提出了全球城市的概念，与巨型城市（又称超级城市，megacity）相对。全球城市是专门的金融和生产者服务的重要生产点，在全球化经济中发挥关键作用，当时萨森以纽约、伦敦、东京为研究对象来讨论这三个城市在全球中的作用。在西方人眼里，英国伦敦、美国纽约、法国巴黎、日本东京传统上被认为是“四大世界级城市”。而如今，全球城市的概念范围更广于萨森的定义，不少项目试图根据全球知名度来定义城市，而不是全球经济有关的功能来定义，近些年亚洲部分城市高速发展，某些观点也把诸如香港、新加坡等列为全球城市。全球城市之所以具有国际化的知名度正是由于其城市的核心形象广为国际范围内的受众的认同。可以说，全球城市也是一座国际知名城市，它正是以它的核心城市形象在国际上知名的。“城市形象”是一个综合体，它的复杂之处在于其囊括了政治、经济、文化、生态以及市容市貌、市民素质、社会秩序、历史文化等诸多方面。全球城市已经从 20 世纪末的学术话语，变成了当今社会大众耳熟能详的名词，同时，全球城市也变成了某种意义上的城市发展水平标杆，变成了城市国际地位的象征。

三、城市形象传播与软实力

城市形象是城市重要的无形资产，对城市的发展有相当的影响力。作为心理图像的形象，是主体对外在物体、行为以及事件等事实实况的认知、态度、评价以及情感的反映，城市形象在人们心中的综合评价离不开个人的主观评价和认知，美国学者刘易斯·芒福德认为城市形象的形成正是人们对城市主观印象的结果，是通过大众传媒、个人体验、人际传播、记忆以及环境等因素的共同作用而形成的。

为了更好地让一个城市的形象为外界所知，“城市形象传播”的概念油然而生。我国早期对此的相关研究局限于针对城市建筑等实体物理空间的研究上；20 世纪末，随着改革开放的深入，城市化进程加快，推动了城市形象传播研究进一步深化，涌现出诸多代表性论著，如张锦秋的《塑造新的城市形象》、邢文祥的《论现代城市形象及其塑造》等。21 世纪以来，随着城市化进程的不断深入和城市规模的迅猛拓展，公众对于城市形象的感知主要来源于新闻媒体潜移默化的建构与形塑①，“媒介城市形象”极大影响公众对某一城市的认知、观念与态度。近年来通信传播技术高速发展迭代的背景下，学界对于城市形象的研究逐步转向新兴媒介形态环境下的城市形象传播，如邓秀军和唐斯琦的《跨文化传播视阈下城市形象短视频的符号整合与文本重构》、陈泽萍的《融媒体时代应用新媒体平台提升城市形象研究——以浙江省绍兴市为例》、李梅和陈思华的《城市形象宣传片的品牌叙事意识研究》等。

学者刘路认为，作为一个经济区域体，一座城市自身形象的优劣已成为其能否参与市场竞争、获取更多发展机遇的关键要素②。一个好的城市形象对内有益于市民自豪感、归属感及向心力的增强，对外有利于其知名度与影响力的提升③，进而促进城市间互动、推动其文化社会发展、提高该城市的综合实力④。因此在世界城市化进程日益加剧、国际市场竞争日趋激烈的当下，良好城市形象的塑造与传播对于一个城市的长远发展至关重要。

根据文献检索情况，目前关于上海城市形象的研究大多集中在国内“入耳入脑入心”以服务于城市综合发展，诸多学者对于城市形象的传播路径开展了相关探

---

① Gorham B. W. Stereotypes in the Media：So What? [J].Howard Journal of Communications，1999，10(4)：229-247.

② 刘路.论城市形象传播理念创新的路径与策略[J].城市发展研究，2009，16(11)：149-151＋156

③ 陈映. 城市形象的媒体建构——概念分析与理论框架[J].新闻界，2009(05)：103-104＋118.

④ 王淼. 微博上的城市形象传播[D]. 上海：上海外国语大学，2013.

索。学者韩隽提出了“纵向传播”“横向传播”和“立体传播”的理念，认为城市形象传播应采取多种方式进行动态报道，而非依赖墨守成规的既有路径。“纵向传播”即以历史的眼光对待城市形象的演变，注重风俗习惯、乡土人情等城市精神内涵的传播；“横向传播”即发布世界各地特色城市的信息为所在城市决策者提供决策依据式的传播；“立体传播”则指综合多种途径对城市形象进行宣传的传播方式①。在此基础上，学者何春晖和刘依卿认为，进行城市形象传播应秉持系统化、整合化、过程化、差异化的理念，发挥传统媒体优势，创建完善各类城市形象宣传网站，并进行户外广告等的投放②。此外，城市形象传播还应坚守叙事原则、分享原则与交往原则，方能有效深化城市传播、树立城市品牌③。

近年来，通信技术的高速发展和新传播技术的不断涌现推动着城市形象传播的路径革新。学者刘路提出了城市形象传播需要采取“小传播向大传播转变”的创新路径，小传播即以报纸、广播等传统媒体为主的高成本、低效果的传播模式，大传播则是以互联网为代表的新媒体传播模式④。学者邓元兵和范又文以“上海发布”抖音号为切口开展研究，提出短视频能够有效对城市形象进行建构与传播，既能通过重大事件、基础设施反映城市实力，又能通过政府形象、当地居民人情凸显城市温度，还能通过大气航拍及相关热门话题展示城市风采⑤。此外，微博、小红书等热门社交媒体平台也成为当下城市形象传播研究中的重要部分，如学者王梦源以小红书 App 中相关城市形象的 UGC 笔记为研究对象，探究出小红书的城市形象传播特有路径：设置特色城市形象话题、设立 PGC 矩阵带动 UGC、创新用户个体叙事模式等⑥。

互联网时代开启了城市全球传播格局，国际城市形象的建构与传播是在全球化大背景下进行的国际传播活动，研究国际城市形象离不开国际传播的范畴，互联网时代，媒体的不断更迭与更新为世界广大受众提供了更多了解一座城市的重要途径，城市形象是公众对于城市的认知图示，也是公众与城市之间长期以来形成的一种潜移默化的关系，更是城市软实力的重要组成部分与展示窗口，人们对城市的认知也就主要依靠媒体来理解。当下，大众所认知的城市形象很大程度上来自媒

---

① 韩隽.城市形象传播：传媒角色与路径[J].人文杂志，2007(02)：192-193.

② 何春晖，刘依卿.城市形象传播的媒介思考[J].国际公关，2005(06)：54-55.

③ 曹劲松.城市形象传播的基本原则[J].现代传播(中国传媒大学学报)，2012，34(12)：47-49.

④ 刘路.论城市形象传播理念创新的路径与策略[J].城市发展研究，2009，16(11)：149-151+156.

⑤ 邓元兵，范又文.政务短视频对城市形象的建构与传播——以“上海发布”等政务抖音号为例[J].中国编辑，2021(11)：62-66.

⑥ 王梦源.基于小红书 UGC 模式的城市形象传播研究[J].新闻世界，2021(12)：78-81.

体，而媒体自身的强大功能则极大地影响着城市形象[①]，在城市形象的生成和建构过程中，媒体在城市形象的构建中发挥着独特作用，能在短期内快速提升城市知名度，甚至改变城市形象或对城市知名度产生影响。在经济全球化、信息网络化的时代，城市形象的全球传播不仅直接影响着城市的国际知名度与影响力，更在不断塑造城市软实力，建构着全球对城市未来发展的想象。

城市形象本质上是城市软实力在媒体和公众心目中最重要的认知，城市形象作为城市软实力的重要组成部分，城市软实力的建设对城市形象的构建具有重要意义，对城市软实力评估促进城市形象的塑造。国际大都市在城市软实力方面不仅要重视文化建设、政府治理、市民素质、宜居环境等方面的内容构建，还会强调在国际影响力包括世界政治、全球事务及国际形象等方面的内涵发展，突出国际大都市在国际政治、国际关系及支撑国家软实力方面扮演的重要角色。良好的城市形象更是一个城市软实力的体现，对于政治、经济、文化、基础设施、环境等角度进行定义和指标设计，并进行城市软实力评估，可以促进城市文化、政府管理、市民素质等非物质要素的建设，不断增强社会的吸引力、文化的影响力、市民的凝聚力、城市形象的亲和力等，充分发挥对城市经济社会运作系统的协调、扩张和倍增效应，以全面提升城市经济、社会、政治发展水平，塑造良好城市形象，提高城市核心竞争力，为城市经济社会和谐、健康发展提供坚实的"无形有质"的动力。

上海作为长江三角洲区域的核心城市，同时也作为我国的国际经济、金融、贸易和航运中心，上海是世界观察中国的一个重要窗口，代表着中国国家形象，因此，应当加快推进国际大都市形象的塑造和国际传播，实现习近平总书记提出的"展示真实、立体、全面的中国""塑造可信、可爱、可敬的中国形象的目标"。本研究以提升上海核心竞争力和世界影响力，为进一步提升上海城市软实力和国际传播力、影响力提供对策建议为目标，分析国际主流媒体和国际社交媒体中的上海城市形象传播的宏观特点和国别区域特征，考察国际媒体和社交媒体话语中上海城市形象的区域分布及共性与个性特征，了解不同区域媒体和海外普通公众关注的话题和信息需求与本土社会发展的关系，对北美洲、欧洲、亚洲等区域国家普通公众对上海城市形象的认知、情感、接受度进行调研，多维度考察海外普通公众对上海城市形象（如文化遗产、体育赛事、名胜古迹、自然资源等上海城市文化符号）的概念构成和情感倾向，获取上海城市形象国际传播的接受路径，从而为提升上海城市国际传播能力提供对策建议。此外，本研究从国际媒体传播角度出发，通过构建国际媒体视角下的全球国际性城市软实力评估指标体系，揭示上海在国际大都市建设方

---

① 韩隽.城市形象传播：传媒角色与路径[J].人文杂志，2007(02)：192.

面取得的成效与发展空间，为提升上海城市软实力提供对策建议。

第二节　国际媒体视角下城市图景与软实力研究

形象并不是与生俱来的，而是经由后天形塑的，来自人际交流和资讯传播的间接经验以及主体的价值信念、期望、需求等因素便成为形塑城市形象的重要因素，个人传达、新闻媒介的传达以及个人经验被认为是形象形成的三种主要方式，这三种方式中以媒介传达所获得的效果最大。随着信息传播技术的发展与进步，人们已主要依赖于大众传媒来获取相关资讯，传播媒介运用各种符号展现的符号真实，取代客观的社会真实，成为人们形塑形象的主要认知来源。在全球化时代，国际媒体拥有广泛的影响力和传播渠道，通过报道全球城市的新闻事件、活动和人物、跨文化传播、塑造虚拟形象等方式，可以让更多人了解和认识这些城市，能够迅速传播信息和塑造形象，国际媒体在塑造全球城市形象中起到了重要的作用。

首先，国际媒体在全球传播中具有广泛的受众和传播渠道。随着互联网的普及和社交媒体的发展，越来越多的人通过国际媒体了解城市的资讯和形象。国际媒体通过报道城市的新闻事件、文化活动、旅游景点等信息，让更多人了解和关注这些城市，这些报道直接影响着外界对该城市的认知，塑造了人们对城市的印象和期待，形成了对城市的第一印象。例如，对于全球城市的重大建设项目、文化活动和科技创新等，国际媒体可以通过深入报道和评论，让更多人了解这些项目的意义和价值，从而增强对城市的认同感和归属感。

其次，国际媒体可以通过跨文化传播，促进全球城市形象的国际化。在全球化的背景下，全球城市形象已经成为国际社会评价一个城市的重要指标之一。国际媒体可以通过跨文化传播，将全球城市的形象和文化传递给更广泛的受众，让更多人了解和认识这个城市。例如，通过国际电视频道和文化交流活动，可以让更多外国观众了解中国城市的传统文化和现代发展。

此外，国际媒体还可以通过塑造全球城市的虚拟形象，增强城市的吸引力和竞争力。形象的形成与媒体议题的设定以及报道框架之间等因素之间有着重要的关联，媒体的新闻选择与报道框架等外在刺激以及认知主体的价值观、期望等因素是形象之媒体建构的两个主要来源。大众媒体在新闻报道中如何描述、呈现、评价城市，将在很大程度上影响人们对城市的认知、观念和态度，从而建构一个虚拟的城市形象，影响实体城市形象的真实认知。一座城市的形象在国际媒体中的呈现，直接影响着外界对该城市的认知、评价和行为，进而对城市的发展和各个领域产生深远的影响。在大众传播的视域下，全球城市形象是指基于媒体的报道与呈现下所投射在人们心中的虚拟印象。国际媒体可以通过对全球城市的宣传和推广，将城市的独特魅力和特色展示给更广泛的受众，从而增强城市的吸引力和竞争力。

在全球化这一时代背景下，区域间、国际间的交流与合作日益频繁，“形象”则被各区域用作全面展示自己的一张名片，对于区域而言，区域形象不仅仅是一项无形的资产，还会在该区域的政治、经济、文化等方面的发展上起关键性作用。在数字化的时代，大众媒介对于某一地区的信息传播在某一程度上会影响人民对于城市的第一印象，大众传播所塑造的城市形象在数字化时代更受各方重视，国际媒体在全球城市形象传播中占据重要位置，在全球化的背景下，城市的国际传播影响力不仅反映着城市的知名度，也是城市对外吸引力的彰显，互联网，特别是移动互联网的崛起将城市传播影响力角逐的战场边界从传统媒体拓展到了网络空间，互联网时代开启了城市全球传播格局。

移动互联网的快速发展促使传播格局发生了深刻的变革，信息传播的范围、速度都得到了前所未有的提升。媒体融合时代，就国际形象传播来说，新媒体的影响力增强，社交媒体等媒介对城市文化形象的影响力增强，社交媒体的影响力在一定程度上可以与主流媒体相媲美。新媒体的出现对城市形象和城市文化的国际传播提供了非常重要的契机，用户生产内容（UGC）实现了信息的多形式与个性化呈现，信息传播被赋予开放性、共享性与互动性，以用户为代表的个体在社交媒体上参与构建城市形象，成为城市形象构筑的新力量，KOL（关键意见领袖）亦成为扩大城市传播合意空间的关键力量，而贴近用户心理、话语方式的传播策略则进一步提升城市传播的影响深度，达到创造城市形象新内容的传播目标。

因此，从国际传播视角来研究全球城市图景与软实力是一种有效途径。新闻报道离不开框架，在框架理论视角下，来自媒体传播的间接经验以及主体的价值信念、期望、需求等因素成为形塑城市形象的重要因素，传播媒体一直以来被认为具有塑造受众脑中认知图像（cognitive map）的作用，媒体的报道能够对人们的认知、观念和态度产生议程设置作用或潜移默化的建构和涵化作用，而人们“基于媒介图像（media-generated images）来采取行动”①。“框架”与“形象”之间存在某种因果关系，报道框架不同，产生的城市形象也会不同，大众媒体在新闻报道中采用何种框架叙述、展现、评价城市，在很大程度上影响人们对这个城市的看法，建构起一个城市的媒介形象，影响着大众对实体城市形象的真实感知。在城市形象研究中，越来越多的学者采用框架分析来研究某一城市形象。

---

① Gorham B. W. Stereotypes in the Media: So What? [J].Howard Journal of Communications，1999，10(4)：229-247.

框架分析是一种有效综合研判新闻建构原则和意义建构路径的研究方法。该方法最早由人类学家贝特森提出，1974 年被社会学家戈夫曼引入社会学研究，将框架定义为人们用来认识和解释社会生活经验的一种认知结构。随后，学者臧国仁进一步将新闻框架分析细化为高中低三个层次：高层次结构首要回答戈夫曼所谓的“这是什么事”，即对新闻事件主题的界定；中层次结构是对报道文本内容的选择和组织，关注新闻内在结构即叙事结构的安排；低层次结构关注框架的表现形式即语言或符号，包括隐喻、视觉图像等象征符号。框架理论分析将新闻文本量化，进而在框架内呈现不同角度的城市形象元素，更多人从报道角度、倾向、主题、频次等方面来分析文本中城市的形象元素，媒体报道中的城市形象成为影响受众对一个城市认识和评价的主要因素，尤其是国际媒体因其强大的国际传播力与影响力，在国际城市形象的构建中发挥着重要作用。

第三节　媒体数据驱动的社会科学研究

近年来，受益于数字化、网络化、智能化的快速发展和广泛应用，数字技术全面融入社会交往和日常生活，数字社会带来的社会变迁，对认识与理解社会的整个知识体系提出了挑战，数字技术引发社会连接根本性变革，重塑了人际关系，数字时代的技术进步深刻地改变了人们的社会生活。数字时代不仅仅为社会研究提供了新的机遇，也意味着需要运用新的研究范式与研究方法来研究数字社会[①]。从研究过程来看，数字社会研究区别于以往社会研究的最大不同，就是数字技术提供的大数据成为数字社会研究中最新颖的动力基础。

计算社会科学成为数字环境下社会科学研究的一种新研究范式[②]，计算社会科学是大数据时代的产物，目前计算社会科学更多地被理解为一个利用计算的方法开展社会科学问题研究的新兴领域。2009 年 2 月，以 David Lazer 为首的 15 位学者在 *Science* 上发表题为《计算社会科学》的观点性文章，标志着这一领域的诞生。在社会研究中，诸如社会网络、集体行为、知识传播、文化研究、社会心理与情感等分支研究领域，产生了富有成效的经验实证研究，引入了新的研究方法，同时也开始积极关注发展关于数字社会的新理论。数字社会的研究方法既有对原有社会研究方法的数字化改造与拓展，也有专门针对数字社会研究发展出来的全新技

① 王天夫. 数字社会与社会研究[N]. 中国社会科学报，2021-10-20(008).

② 朱萌，龚为纲.计算社会科学：一种新研究范式[OL].中国社会科学网-中国社会科学报，2020-11-18，http://www.cssn.cn/skgz/bwyc/202208/t20220803_5460084.shtml.

术。由于数字社会研究本身的交叉学科性质以及对于数据分析的强调，跨学科知识与具体研究技术也成为数字社会研究中的重要方法。

媒介格局的演进是在技术、社会与人的交互作用中进行的，媒介的进化逻辑在多种传播要素的共同作用之下重塑媒介生态，研究范式的转型是数字文明时代新闻传播格局变迁的着眼点。随着多元主体的加入、社会话语组织模式改变，传统的测量模式以及调查方法更加难以统合如此错综复杂的社会生态，亟须引入计算科学、社会网络分析、复杂网络建模等新的研究方法①，媒体中国际城市形象与软实力研究融入更多的社会科学元素，同样需要研究范式的转型，适应数字化环境的发展。

数字环境下数据已成为发展的主体，各式各样的数据不断涌现，逐渐成为重要的生产因素，社会科学研究领域的应用使社会科学研究正在经历从定性研究、定量研究、仿真研究向大数据研究的第四研究范式转型。在一般社会科学中，数据是指数值型数据，而在大数据语境下，数据的类型和结构的复杂程度都要高很多，既包括文本、图像、视频、音频等非结构化信息，也包括空间位置、复杂序列等高度复杂信息。另一方面，从与研究的关系看，传统量化数据是出于特定研究目的而运用实验、问卷调查等方法有计划地观测的结果。数字社会的研究方法既有对原有社会研究方法的数字化改造与拓展，也有专门针对数字社会研究发展出来的全新技术，应该将传统分析方法的理论驱动与数据驱动结合起来，通过双向互动，有机融合推进计算社会科学研究。

进入网络传播时代，人们获取城市形象的主要渠道从传统媒体转向互联网，网络媒介已成为重要的城市形象传播者和建构者，也是观察城市认知的有效手段，媒体报道中的城市形象是影响受众对一个城市认识和评价的主要因素，数字媒体技术发展日新月异，城市形象传播突破了传播时空限制和受众体量限制，数字媒体时代的主流传播渠道也更加丰富，除传统新闻媒体外，诸如社交媒体 Facebook、Twitter、YouTube 等成为重要渠道，并以文字、图片、视频等形式来构建。日益丰富的媒介带来了数据世界，大数据时代的到来为我们提供很多新的数据分析方法，媒体数据驱动的城市形象及软实力研究成为重要途径，通过分析城市形象如何在媒体报道中形成，如何加强城市形象的建构与传播，从而通过媒介形象的建构提升城市发展的软实力。

城市形象是一个多维度动态的建构过程，与同期的经济、技术和文化等结构要素的合理配置密切相关，特别是当前数字媒介技术的快速发展及城市传播研究范

---

① 喻国明，杨雅．传播学研究范式的转型与媒介进化[N]．中国社会科学报，2022-09-22(003)．

式的兴起，为城市形象注入全新的时代内涵与技术灵韵。当下随着信息传播技术的发展与进步，媒体成为人们形塑形象的主要认知来源，受新闻报道偏向的影响，不同媒体对上海城市的报道关注点有所不同，因此上海城市形象有不同的呈现，上海城市形象在国内外主流媒体中分别如何呈现以及国内外媒体中上海城市形象的对比成为本研究重点。

传统的城市形象研究学者主要采取的测量方法分为“结构性”和“非结构性”两种。结构性测量是通过封闭式的调查问卷等方式进行调查。非结构性测量是运用文本分析、开放式问题等方法对研究对象进行调查。相比结构性测量方法，非结构性测量因其给予形象感知者和形象塑造者双方的自由开放性较大，其数据更加具有真实性，受到了越来越多研究者的青睐(陈秀秀、王玉婷，2019)。以往由于无法收集和分析大量数据，受众分析通常采取数据抽样的方法，采样分析的精确性取决于数据样本的随机性，由于新媒体环境的复杂性和受众行为的不确定性，所谓最优抽样越来越难实现，更不可能奢求样本受众能够反映总体的所有特质和属性。

第四节　本研究的基本框架与方法

一、研究框架

(一)数据采集整理

本研究以数据驱动为基础，采集国际主流媒体涉沪报道文本数据、国际社交媒体涉沪文本和视频数据，通过 Factiva、Meltwater 等数据库以及抓取 Twitter、YouTube 等社交媒体数据，采集国际主流媒体涉沪报道文本数据、国际社交媒体涉沪文本和国际社交视频数据，统计分析 2017—2021 近五年中 28 个语种、100 多个国家的涉沪新闻报道，从媒体报道量、报道议程、报道的态度和特点、信息源等角度分析媒体中上海城市形象的呈现，考察全球媒体对上海城市的关注度和上海城市形象在国际主流媒体报道中的总体传播状况。同时，在此基础上选择 10 个语种 140 余家主流媒体进行重点解读，以此呈现国际主流媒体中上海城市形象的全貌，为进一步提升上海城市软实力和国际影响力提供对策建议。同时通过 Factiva、Meltwater 等数据库对涉及纽约、巴黎、伦敦、东京、新加坡等国际城市的国际媒体数据进行整理分析，对比全球性一线城市国际形象建构和软实力呈现的特点。

（二）数据描述分析

在框架理论视角下，将媒体文本量化，进而在框架内呈现不同角度的城市形象元素，从报道角度、倾向、主题、频次等方面来分析文本中上海城市的形象元素。本研究还将上海放置于国际视野中，选取纽约、巴黎、伦敦、东京、新加坡等具有全球影响力的城市作为对比，从而分析全球主流媒体报道的框架异同以及认知的差异。

通过词云、词簇、聚类以及机器学习分析等手段考察传播话语关注热点，采用分析算法将情感词进行情感归类，将话语中的议题、情感态度数据可视化，分析上海城市形象海外传播的现状与接受度，综合文献调研构建国际城市软实力评价指标体系，并分析上海城市软实力现状，提出上海城市形象国际传播的路径，提出提升上海城市软实力建议。

（三）建立评估分析框架

基于城市软实力文献和相关智库的全球城市实力评估指数，通过大规模语言模型分析国际媒体中的城市形象层次主题，构建一套由三级指标构成的城市软实力评价指标体系；对上海城市软实力进行测评，揭示上海在国际大都市建设方面取得的成效和提升空间；多维度揭示国际主流媒体和国际社交媒体视域下的上海城市形象；根据海外社交媒体公众对上海城市的认知数据，揭示上海城市形象海外传播的真实状况和发展重点。

（四）研究结果阐释

结合区域国别特征，从多学科角度阐释上海城市形象海外传播与接受的影响因素，客观评估上海城市形象国际传播的效果与影响力，为提升上海城市软实力和国际传播能力提出对策建议。为更全面地分析上海城市形象在全球主流媒体中的呈现，本研究还将上海放置于国际视野中进行分析，选取纽约、巴黎、伦敦、东京、新加坡等具有全球影响力的城市作为对比，从而分析全球主流媒体报道的框架异同，分析媒体报道框架分别构建了怎样的上海城市形象，并提出提升媒体塑造良好上海城市形象的建议。

二、研究方法

本研究将使用数据驱动的分析方法、网络调查、专家咨询等方法展开对国际媒体文本数据、国际社交媒体文本和视频数据、海外普通公众网调数据等的多维分析、对比和语境化阐释。

（一）数据驱动的分析方法

通过 Factiva 数据库和全球新闻与社交媒体数据库 Meltwater，选取国际主流媒体涉沪话语和社交媒体涉沪话语构成上海城市形象海外传播数据，使用 Python 和 Antconc、Sketch Engine 等语料库常规分析工具，通过词云、词簇、聚类分析等手段考察传播话语关注热点。采用贝叶斯算法将情感词进行情感归类，将话语中的情感态度数据可视化，分析上海城市形象海外传播的现状与接受度。

（二）比较分析法

通过多层次、多维度话语特征比较分析，考察上海城市形象国际传播话语的群体性差异和国别区域特点，观察上海城市形象海外传播与接受的国别区域特征。

（三）调查法

对北美洲、欧洲、亚洲等区域和一带一路沿线国家普通公众对上海城市形象的认知、情感、接受度进行网络调查，将结构型问卷与开放式问卷相结合，多维度考察他们对上海城市形象（如文化遗产、体育赛事、名胜古迹、自然资源等上海城市文化符号）的概念构成和情感倾向，获取上海城市形象国际传播的接受路径。

第五节　本章小结

国际媒体视角下的城市图景与软实力研究是一个综合的分析过程，它涉及对城市在全球舞台上形象和影响力的评估。国际媒体视角下的城市图景与软实力研究涉及的理论与方法非常广泛，是一个多维度、跨学科的领域，需要综合运用不同的理论来全面理解和评估城市在全球舞台上的影响力。

媒体为城市形象与软实力研究提供了数据，从媒体数据中我们能够比较全面的了解城市形象与软实力，数据驱动的社会科学为城市形象与软实力提供了有效的研究方法，尤其是大数据和人工智能技术的应用，为处理和分析媒体数据提供了强大的工具，使得研究更为高效和深入。

第二章　国际媒体中的上海城市图景

讲好中国故事，传播好中国声音，展示真实、立体、全面的中国，是加强我国国际传播能力建设的重要任务。中国城市国际传播是中国国际传播的重要组成部分和实现路径，中国国家形象建构也离不开一个个鲜活的中国城市形象。作为国际性大都市，上海受到国内外各大主流媒体的关注，上海面向未来打造具有世界影响力的社会主义现代化国际大都市，很重要的抓手就是加快构建上海形象的全球识别，打造面向世界的具有中国气派和中国美学的“大国大城”形象。

近年来，中国城市建设飞速发展，获得海外媒体高度关注。不少城市也相继提出国际化定位，力图打造具有影响力的现代化国际大都市。作为我国对外开放的窗口，改革开放 40 多年以来上海已经成为我国乃至全球的科技、贸易、信息、金融和航运中心，从 2010 年世博会到 2018 年首届进博会，上海越来越多地承办起世界级议题项目，关于上海的议题报道频频登上世界主流媒体的头版头条，汇聚可观的阅读流量。同时，上海又兼得雄厚的历史文化、教育旅游等软实力，这座魅力的魔都又具有“东方巴黎”的美誉。地标性建筑、多元文化、强大的包容性以及丰富的就业机会，使上海吸引了来自世界各地的旅客。对现代中国而言，上海无疑是一个以城市符号为表征的、与国家形象息息相关的重要文化隐喻。“很大程度说，上海或许是现代中国民族国家危机和现代性痴迷奇异交织的最重要场所”——如克里斯托弗·豪尔所说，“几乎所有关于中国重要生活面向的严肃分析最终都必须面对上海、面对上海在中国的特殊地位。”因此在全球化视角下研究上海城市形象具有重要意义。

第一节　国际主流媒体中的上海城市图景

由于中西方意识形态的差异，拥有超过 2000 万人口的上海都市内部又存在许多社会性结构问题，因此上海市形象在国际媒体上的呈现并不总趋于完美和积极。当下，作为世界第二大经济体的中国深陷中美贸易纠纷，上海在我国对外贸易中又是核心角色，我国更是通过宣布扩建上海自贸区，引进并建设上海特斯拉工厂等来吸引外资，在此背景下上海城市形象的媒体呈现复杂多样，在新形势下有必要对全球主流媒体中上海城市形象进行研究和呈现。

一、国际主流媒体涉沪报道数量及分布

为了增强相关性，本报告在 Factiva 数据库检索策略上选择仅标题及新闻首段命中检索词的方式(排除大中华地区)，去除重复新闻的冗余信息，既极大提高新闻报道的查准率，检索的结果又能更贴近上海城市形象全貌，更好地反映新闻报道主题的演变。

从总体上看，近五年国际主流媒体对上海的新闻报道量呈现逐年波动下降的趋势(见图 2-1)。2017 年，国际媒体对上海的新闻报道量达到了近五年以来的最高点，从 2017 年的 20 764 条，到 2021 年 13 003 条，下降了 37%。从具体年份上看，2019 年恰逢贸易冲突，在中美经济博弈的背景下，上海作为中国的经济中心城市，受到了国际主流媒体广泛报道，尤其是其中一轮中美贸易谈判在上海举行，使得上海与中美及世界经济走向进一步紧密联系在一起，国际媒体一同关注上海的重要谈判。因此，2019 年外媒涉沪报道量相较于 2018 年增长了 1 263 篇。

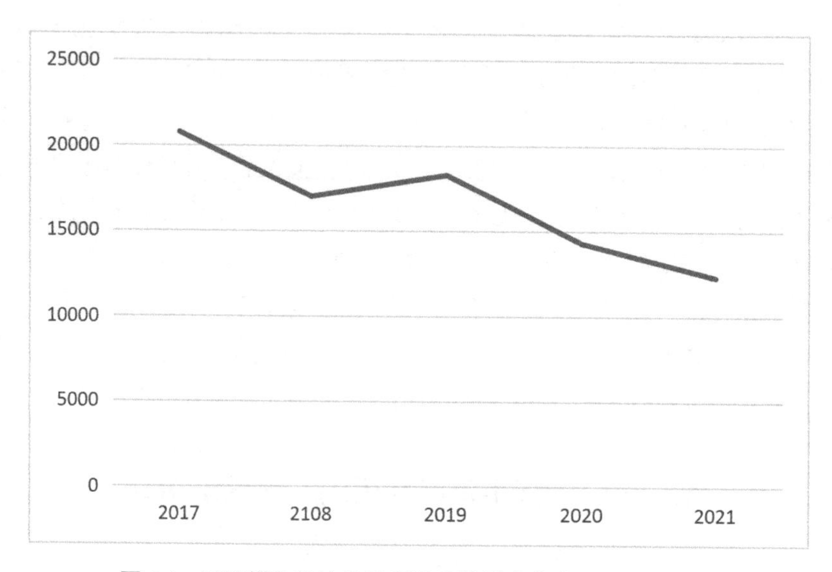

图 2-1　国际媒体涉沪的新闻报道数量变化表(2017—2021)

2017—2021 年(下同)，在涉沪新闻报道的语种及媒体分布方面，英语、法语、俄语媒体报道量居前，西方媒体仍是重要新闻源，而周边国家对沪关注度不断提升。报道量居前 5 位的语种是：英语、法语、俄语、德语和西班牙语(见图 2-2)。报

道量居前的媒体主要分布在英国、意大利、美国、法国等西方国家以及俄罗斯、日本、马来西亚等周边国家。

语种	报道量
英文	44.7K
法文	7,020
俄文	6,367
德文	6,050
西班牙文	5,400
意大利文	5,019
日文	1,163
葡萄牙文	990
荷兰文	508
马来文	289

图 2-2　各语种涉沪报道量排名情况统计

报道量居前 5 位的媒体是：俄罗斯 Prime 通讯社、俄罗斯 Interfax 通讯社、路透社、道琼斯通讯社、意大利 Ansa（见图 2-3）。此外，美国 MarketLine 网站、上海金属市场（Shanghai Metals Market）、美联社、阿美尼亚通讯社等媒体报道量也处于领先地位。上海金属市场对沪报道量跃升至全球第七，成为亚洲唯一上榜的资讯机构，其关注议题涉及较为集中，主要为金属贸易、经济金融等领域。

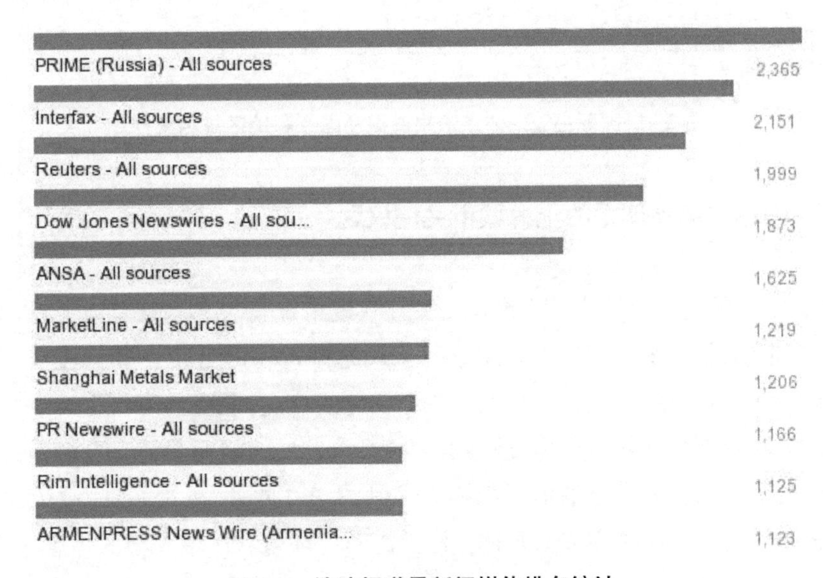

图 2-3　涉沪报道量新闻媒体排名统计

在国际主流媒体涉沪报道提及国家和地区分布方面，国际主流媒体在报道上海时，提及量最大的国家、地区包括美国、俄罗斯、印度、意大利、法国、英国、德国等（见图 2-4）。上海在东亚地区起到引领辐射作用，国际媒体报道将上海置于亚洲乃至亚太地区的图景中，契合了上海建设引领亚洲、辐射全球的顶级金融中心的目标。来自美国的报道量大幅度领先其他国家亦彰显了其在全球新闻话语影响力地位。此外，俄罗斯、印度两个金砖国家位列榜单第二、三位，随着 2021 年金砖国家新开发银行永久总部大楼在上海浦东正式交接，国际多边金融机构进一步“扎根”中国，中国与金砖国家联系进一步紧密。

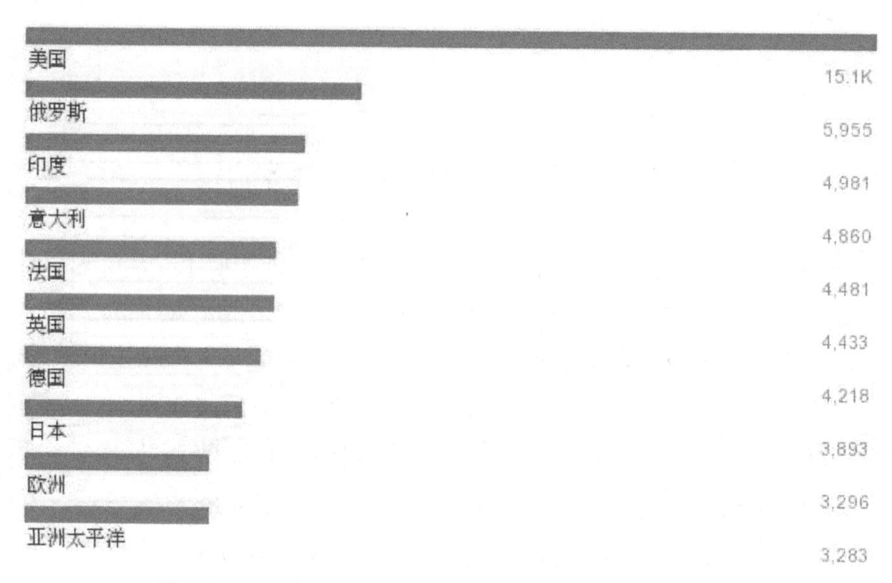

图 2-4　国际主流媒体涉沪报道提及国家和地区排名统计

二、国际主流媒体中的上海城市关注议题

近五年国际主流媒体中的上海城市关注议题情况见表 2-1，从总体上看，文体/娱乐和企业/工业议题一直交替占据近五年议题排行榜的首位，同时，股权、资产、商业市场等证券/金融议题常年是上海关注议题的热点，说明上海作为改革开放排头兵、创新发展先行者的新载体，现已是中国经济发展的靓丽名片。上海作为金融中心、经济中心和贸易中心的国际影响力尤其突出。此外，外交事务/政治关系和法律/犯罪等安全类议题亦成为媒体关注上海营商环境和区域安全的焦点。

表 2-1　2017—2021 年国际主流媒体对上海城市关注议题情况统计

2017	2018	2019	2020	2021
文体/娱乐	企业/工业	文体/娱乐	企业/工业	企业/工业
证券/金融	文体/娱乐	企业/工业	新冠病毒	证券/金融
外交事务/政治关系	证券/金融	综合新闻	文体/娱乐	综合新闻
企业/工业	综合新闻	证券/金融	证券/金融	外交事务/政治关系
综合新闻	外交事务/政治关系	外交事务/政治关系	综合新闻	文体/娱乐
法律/犯罪	法律/犯罪	政府管理	外交事务/政治关系	法律/犯罪
会议/商展	会议/商展	法律/犯罪	法律/犯罪	新冠病毒
教育	政府管理	教育	教育	政府管理
政府管理	教育	会议/商展	政府管理	教育
卫生/医药	居民生活	卫生/医药	会议/商展	卫生/医药

从 2017—2021 年看，2017 年体育竞技、文化娱乐类的新闻成为最受关注的议题，F1 上海站、NBA 中国赛上海站、上海劳力士网球大师赛、国际滑联短道速滑世界杯上海站、国际马拉松赛、世界斯诺克上海大师赛等吸引了大量外媒的报道。值得注意的是，外交事务/政治关系进入报道量处于第三位，2017 年 6 月 9 日，印度和巴基斯坦正式成为上海合作组织成员，进一步加强了上海的国际区域影响力。

2018 年企业/工业议题遥遥领先，证券/金融议题亦排名前列。上海国际经济、金融、贸易、航运中心四个中心影响力辐射作用明显，彰显上海作为金融中心、经济中心和贸易中心的国际影响力。

2019 年中美出现的贸易摩擦及其给世界经济带来的巨大影响是国际媒体报道上海的重要背景板。中美贸易的起伏影响世界和中国经济涨跌，上海作为中国重要证券市场以及经济开放风向标，无疑会频频出现在相关报道中。而在中美贸易摩擦背景中开启的第二届中国进口博览会也使各国媒体瞩目上海，进博会报道中提到上海的有 2 846 条。各国对进博会的参与及相关交易协议的签署都带动了相关国际媒体的报道。在中美贸易关系紧张、世界经济疲软的形势下开启的进博会向世界传递了中国愿与世界经济携手共进的决心和举措，上海也作为进博会的举办地成为中国通过与世界经济紧密联系建设人类命运共同体的重要节点。

2020 年企业/工业议题依旧最受关注，同时，作为新冠大流行的元年，疫情相关议题成为上海城市新晋关注的焦点。数据显示，相关报道达 4 433 篇，紧随其后的议题是文体/娱乐、证券/金融、综合新闻、外交事务/政治关系、法律/犯罪，另外，教育、政府管理、会议/商展等议题也有一定报道量。

2021 年，“新”“研究”“世界领先”“港口”“金融”等关键词频繁出现，这与上海建设国际金融中心、国际航运中心、国际贸易中心、国际经济中心、国际科技创新中心持续深入相吻合，也与国际媒体报道关注的议题相匹配。排名前三议题分别是企业/工业、证券/金融和综合新闻，凸显了上海国际金融中心的性质。第四是外交事务/政治关系。另外，文体/娱乐、法律/犯罪等也受到关注。

国际媒体话语建构上海城市形象涉及的内容呈现关注点多、覆盖面广的特点。既集中展示了上海的经济、政治情况，也关注上海社会文化领域的不同样态。既及时报道发生在上海的各个领域的重大事件，也关注生活在上海的市井人物的平凡生活。媒体话语建构上海城市形象过程中运用的视角呈现多元化的特点，报道既有国际政治、外交等宏观视角的叙事，又有养老、教育等市井生活微观视角的描述；既有市场经济繁荣的正向视角讲述，也有环保和食品安全问题的反向视角剖析；既有民众心理的感性视角书写，也有抽象理论与数据结合的理性视角展示。

三、国际主流媒体对上海城市报道态度

国际主流媒体对上海城市报道情感倾向的数据来源为融文公司（Meltwater）社交媒体监测中心，以 Shanghai 作为检索词对新闻标题进行检索，检索日期跨度为 2017 年 1 月 1 日至 2021 年 12 月 31 日，共识别 720 014 条涉沪新闻报道的情感倾向（见图 2-5）。数据显示，国际主流媒体用户发布的涉沪信息以中性和正面为主，其中 70.5%的内容为中性，19.0%为正面，8.0%为负面，未识别占比在 2.5%以下，由此可见，在能识别的新闻报道中持中性立场的占多数，总体来说报道偏正向。

对全球所有国家/地区的媒体的涉沪报道作情感倾向分析，该国家、地区的涉沪报道情感倾向强度为对应国家的新闻媒体所报道的正面涉沪新闻量和负面涉沪新闻量的差与总涉沪新闻量的比值，涉沪报道作情感倾向强度的取值范围为－1 到 1。数值为 0 表明情感倾向为中立，数值为正数表明情感倾向为正面或积极，数值为负数表明情感倾向为负面或消极。从表 2-2 可知，媒体正向情绪报道所在的国家/地区数量达到 136 个，占比 66%；媒体负向情绪报道所在的国家/地区数量达到 39 个，占比 19%；媒体中立情绪报道所在的国家/地区数量为 28 个，占比 5%。

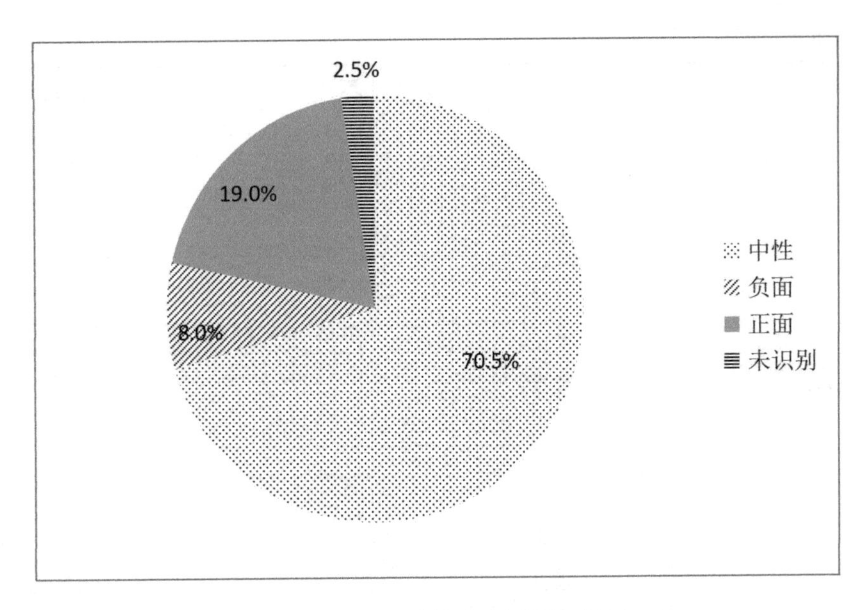

图 2-5　国际主流媒体涉沪新闻情感倾向

总体上看，上海在大部分国家/地区媒体的新闻报道情感倾向为正面或中立，显示上海的城市形象得到了普遍的认可。

表 2-2　全球新闻报道中的上海情感分布

序号	国家/地区中文名称	国家/地区英文名称	情感值
1	百慕大群岛	Bermuda	1
2	厄立特里亚	Eritrea	1
3	利比里亚	Liberia	0.75
4	格恩西岛	Guernsey	0.615384615
5	黑山共和国	Montenegro	0.521885522
6	巴布亚新几内亚	Papua New Guinea	0.5
7	图瓦卢	Tuvalu	0.5
8	阿尔巴尼亚	Albania	0.5
9	爱沙尼亚	Estonia	0.5
10	北马里亚纳群岛	Northern Mariana Islands	0.4
11	波斯尼亚和黑塞哥维那	Bosnia and Herzegovina	0.4
12	巴勒斯坦	Palestine	0.393258427

（续表）

序号	国家/地区中文名称	国家/地区英文名称	情感值
13	开曼群岛	Cayman Islands	0.388888889
14	圣马力诺	San Marino	0.375
15	直布罗陀	Gibraltar	0.333333333
16	坦桑尼亚	Tanzania	0.333333333
17	冈比亚	Gambia	0.333333333
18	朝鲜	Democratic People's Republic of Korea	0.333333333
19	美国本土外小岛屿	United States Minor Outlying Islands	0.333333333
20	埃塞俄比亚	Ethiopia	0.333333333
21	伊拉克	Iraq	0.33125
22	柬埔寨	Cambodia	0.315270936
23	拉脱维亚	Latvia	0.3125
24	缅甸	Myanmar	0.312252964
25	匈牙利	Hungary	0.310077519
26	巴巴多斯	Barbados	0.305555556
27	巴林	Bahrain	0.289230769
28	蒙古	Mongolia	0.285714286
29	中非共和国	Central African Republic	0.285714286
30	格鲁吉亚	Georgia	0.278688525
31	科威特	Kuwait	0.273972603
32	关岛	Guam	0.272727273
33	沙特阿拉伯	Saudi Arabia	0.270318021
34	摩纳哥	Monaco	0.268292683
35	圭亚那	Guyana	0.266666667
36	阿拉伯联合酋长国	United Arab Emirates	0.259133965
37	印度尼西亚	Indonesia	0.258466398
38	塞浦路斯	Cyprus	0.258426966
39	伊朗	Iran	0.255192878
40	苏丹	Sudan	0.253521127
41	哈萨克斯坦	Kazakhstan	0.246376812

（续表）

序号	国家/地区中文名称	国家/地区英文名称	情感值
42	卡塔尔	Qatar	0.237899073
43	斯洛文尼亚	Slovenia	0.235294118
44	亚美尼亚	Armenia	0.233502538
45	马尔代夫	Maldives	0.222222222
46	韩国	Republic of Korea	0.221205597
47	菲律宾	Philippines	0.22004579
48	埃及	Egypt	0.219954649
49	塞舌尔	Seychelles	0.214285714
50	马来西亚	Malaysia	0.2099729
51	多哥	Togo	0.2
52	托克劳	Tokelau	0.2
53	乌兹别克斯坦	Uzbekistan	0.2
54	卢旺达	Rwanda	0.2
55	塔吉克斯坦	Tajikistan	0.194805195
56	澳大利亚	Australia	0.192505019
57	乍得	Chad	0.185185185
58	阿拉伯叙利亚共和国	Syrian Arab Republic	0.182926829
59	泰国	Thailand	0.176071429
60	罗马尼亚	Romania	0.174018127
61	阿拉伯利比亚民众国	Libyan Arab Jamahiriya	0.172413793
62	越南	Viet Nam	0.169168591
63	牙买加	Jamaica	0.167630058
64	赞比亚	Zambia	0.166666667
65	格陵兰岛	Greenland	0.166666667
66	约旦	Jordan	0.164519326
67	中国	China	0.159720169
68	荷兰	Netherlands	0.15826972
69	纳米比亚	Namibia	0.154141104
70	英属印度洋领地	British Indian Ocean Territory	0.150943396

（续表）

序号	国家/地区中文名称	国家/地区英文名称	情感值
71	美国	United States	0.150690868
72	塞尔维亚	Serbia	0.15
73	奥地利	Austria	0.149082061
74	挪威	Norway	0.145873321
75	中国香港特别行政区	Hong Kong SAR，China	0.14366451
76	毛里塔尼亚	Mauritania	0.142857143
77	摩尔多瓦	Moldova	0.142857143
78	印度	India	0.141818182
79	尼日利亚	Nigeria	0.138337013
80	阿曼	Oman	0.136792453
81	突尼斯	Tunisia	0.13442623
82	中国台湾	Taiwan，Province of China	0.133815552
83	乌克兰	Ukraine	0.130909091
84	中国澳门特别行政区	Macao SAR，China	0.128205128
85	阿富汗	Afghanistan	0.127118644
86	土耳其	Turkey	0.125560538
87	英国	United Kingdom	0.123032382
88	津巴布韦	Zimbabwe	0.12195122
89	巴哈马	Bahamas	0.12
90	塞拉利昂	Sierra Leone	0.117647059
91	冰岛	Iceland	0.115384615
92	新加坡	Singapore	0.115287162
93	肯尼亚	Kenya	0.113043478
94	克罗地亚	Croatia	0.106002554
95	加拿大	Canada	0.104403369
96	黎巴嫩	Lebanon	0.09540636
97	爱尔兰	Ireland	0.088362069
98	波兰	Poland	0.08393552
99	阿尔及利亚	Algeria	0.083870968

（续表）

序号	国家/地区中文名称	国家/地区英文名称	情感值
100	多米尼克	Dominica	0.083333333
101	瑞士	Switzerland	0.082575227
102	也门	Yemen	0.077922078
103	巴西	Brazil	0.071394947
104	希腊	Greece	0.069857697
105	葡萄牙	Portugal	0.06884058
106	比利时	Belgium	0.066366366
107	新西兰	New Zealand	0.064265537
108	安哥拉	Angola	0.058823529
109	卢森堡	Luxembourg	0.055882353
110	德国	Germany	0.04967287
111	捷克共和国	Czech Republic	0.049586777
112	尼泊尔	Nepal	0.041666667
113	日本	Japan	0.039992662
114	芬兰	Finland	0.03988604
115	古巴	Cuba	0.036900369
116	白俄罗斯	Belarus	0.032258065
117	吉尔吉斯斯坦	Kyrgyzstan	0.028571429
118	塞内加尔	Senegal	0.026666667
119	西班牙	Spain	0.022476005
120	玻利维亚	Bolivia	0.021582734
121	巴拿马	Panama	0.020408163
122	委内瑞拉	Venezuela	0.019166667
123	以色列	Israel	0.013605442
124	危地马拉	Guatemala	0.013513514
125	洪都拉斯	Honduras	0.012048193
126	丹麦	Denmark	0.011245675
127	多米尼加共和国	Dominican Republic	0.011023622
128	斯洛伐克	Slovakia	0.009615385

（续表）

序号	国家/地区中文名称	国家/地区英文名称	情感值
129	巴拉圭	Paraguay	0.008695652
130	瑞典	Sweden	0.008488278
131	英属维尔京群岛	Virgin Islands British	0.007263923
132	墨西哥	Mexico	0.006659439
133	加纳	Ghana	0.006349206
134	巴基斯坦	Pakistan	0.006326445
135	厄瓜多尔	Ecuador	0.004672897
136	阿根廷	Argentina	0.003469813
137	海地	Haiti	0
138	安提瓜和巴布达	Antigua and Barbuda	0
139	萨尔瓦多	El Salvador	0
140	伯利兹	Belize	0
141	科科斯(基林)群岛	Cocos (Keeling) Islands	0
142	安道尔	Andorra	0
143	波多黎各	Puerto Rico	0
144	加蓬	Gabon	0
145	圣文森特和格林纳丁斯	Saint Vincent And The Grenedines	0
146	尼日尔	Niger	0
147	刚果民主共和国	Democratic Republic of the Congo	0
148	法属波利尼西亚	French Polynesia	0
149	库拉索岛	Curacao	0
150	乌干达	Uganda	0
151	马达加斯加	Madagascar	0
152	纽埃	Niue	0
153	老挝	Laos	0
154	莱索托	Lesotho	0
155	安圭拉	Anguilla	0
156	布隆迪	Burundi	0
157	新喀里多尼亚	New Caledonia	0

（续表）

序号	国家/地区中文名称	国家/地区英文名称	情感值
158	阿鲁巴	Aruba	0
159	美属维尔京群岛	United States Virgin Islands	0
160	特立尼达和多巴哥	Trinidad and Tobago	0
161	吉布提	Djibouti	0
162	几内亚	Guinea	0
163	佛得角	Cape Verde	0
164	帕劳	Palau	0
165	法国	France	−0.001825373
166	哥斯达黎加	Costa Rica	−0.002680965
167	保加利亚	Bulgaria	−0.00297619
168	摩洛哥	Morocco	−0.003067485
169	智利	Chile	−0.004489338
170	秘鲁	Peru	−0.006493506
171	意大利	Italy	−0.011520186
172	哥伦比亚	Colombia	−0.012725345
173	马耳他	Malta	−0.013333333
174	乌拉圭	Uruguay	−0.016393443
175	喀麦隆	Cameroon	−0.017391304
176	文莱达鲁萨兰国	Brunei Darussalam	−0.017699115
177	南非	South Africa	−0.018792577
178	科特迪瓦	Cote D'Ivoire	−0.023255814
179	马里	Mali	−0.027027027
180	阿塞拜疆	Azerbaijan	−0.033519553
181	尼加拉瓜	Nicaragua	−0.041666667
182	孟加拉国	Bangladesh	−0.043706294
183	布基纳法索	Burkina Faso	−0.071428571
184	毛里求斯	Mauritius	−0.077586207
185	俄罗斯	Russia	−0.101231634
186	刚果	Congo	−0.103448276

（续表）

序号	国家/地区中文名称	国家/地区英文名称	情感值
187	斐济	Fiji	−0.103448276
188	土库曼斯坦	Turkmenistan	−0.111111111
189	苏里南	Suriname	−0.142857143
190	圣基茨和尼维斯	Saint Kitts And Nevis	−0.166666667
191	萨摩亚	Samoa	−0.166666667
192	汤加	Tonga	−0.2
193	索马里	Somalia	−0.222222222
194	列支敦士登	Liechtenstein	−0.235294118
195	莫桑比克	Mozambique	−0.25
196	立陶宛	Lithuania	−0.285714286
197	博茨瓦纳	Botswana	−0.333333333
198	荷属安的列斯群岛	Netherlands Antilles	−0.333333333
199	瓦努阿图	Vanuatu	−0.333333333
200	贝宁	Benin	−0.5
201	斯威士兰	Swaziland	−0.5
202	斯里兰卡	Sri Lanka	−0.895535327
203	未知	Unknown	−1
204	法罗群岛	Faroe Islands	—
205	马其顿	Macedonia	—

在全球媒体上海报道情感倾向为正面的国家与地区中，主要分布在北美洲、南美洲、大洋洲、非洲大部、西欧、南亚以及中东等地区，分布较为广泛。其中，在中亚、北非和东南亚部分国家的新闻报道中更为积极正面，情感倾向强度在 0.4 以上。

在新闻报道情感倾向为负面的国家与地区中，主要分布在南美洲西海岸、非洲西部和南部、南欧、中亚以及俄罗斯等国家/地区。其中，除了非洲国家贝宁、博茨瓦纳、莫桑比克以及索马里共计 4 个国家的情感倾向强度为−0.2 以上外，其余国家的情感倾向强度均处于 0 至−0.2 之间。

四、国际主流媒体中上海城市形象的整体特征

(一)上海城市定位

2017年,国务院正式批复《上海市城市总体规划(2017—2035年)》,定位上海城市性质为:上海是我国的直辖市之一,长江三角洲世界级城市群的核心城市,国际经济、金融、贸易、航运、科技创新中心和文化大都市,国家历史文化名城,并将建设成为卓越的全球城市、具有世界影响力的社会主义现代化国际大都市。"十四五"时期是上海"五个中心"建设的关键时期,目前,上海国际经济中心、国际金融中心、国际贸易中心、国际航运中心基本建成,具有全球影响力的科技创新中心形成基本框架。在全面推进城市数字化转型背景下,上海立足于"五个中心",建成卓越的全球城市、具有世界影响力的社会主义现代化大都市,在国际媒体中也呈现出上海城市地位特点。

(二)上海城市形象传播元素

国际主流媒体的涉沪报道视角在一定程度也反映了国际主流媒体对上海的基本态度,体现了国际主流媒体中上海城市形象的整体特征与上海城市形象传播元素,从2017—2021年的国际主流媒体报道来看,国际媒体主要关注上海城市形象的以下几个元素。

1. 对外开放

从开发开放浦东到提出"一个龙头,三个中心",再到"五个中心"的建设[①],对外开放这一城市形象传播元素始终贯穿于上海城市性质定位的演变进程。既要对标高标准国际经贸规则,打造全球金融、经济、贸易、航运开放新高地,又要加强科技研究与合作,打造全球科技创新策源地。

习近平总书记在浦东开发开放30周年纪念活动中的讲话受关注。美通社2020年11月13日发表《上海浦东将成为中国新一轮改革的先锋》称,浦东在未来三十年的国家总体发展中被赋予了两个新的角色,即更高层次改革开放的先驱和全面建设社会主义现代化国家的先锋。习近平强调,随着中国开启全面建设社会主义现代化国家新征程,浦东需要承担新的历史使命,推动这一进程。

路透社2020年1月20日报道,特斯拉在上海建厂以来发展势头强劲,特斯拉上海工厂的快速建成投产进一步彰显了中国坚定营造国际化营商环境,推动新一

① 唐珏岚.改革开放时代上海城市性质定位的演进[J].创造,2018(08):24-25.

轮更大力度对外开放的决心和意志。日本《朝日新闻》称，上海工厂是特斯拉第一家海外工厂，公司对扩大生产很有信心。俄罗斯卫星社强调特斯拉工厂进驻上海自贸区，将获得中国国务院新的税收优惠和免税政策，特斯拉也认同自贸区在“引导经济全球化的健康发展”中的作用。日本《读卖新闻》强调，特斯拉是中国放宽限制规定后新认定的首家外资全额出资的汽车工厂。

俄罗斯列格努姆(Regnum)通讯社 2020 年 10 月 28 日发表《上海外贸进出口增长 10.6%》称，在疫情后中国经济全面复苏的背景下，上海 9 月份实现外贸进出口总额高幅增长，欧盟、美国和东盟是上海最大的几个贸易伙伴，高度关注上海的进出口水平及对外商投资环境。

2. 文化符号

上海作为文化大都市和国家历史文化名城，上海文化根植于中国传统文化，吸纳西方的文化元素，伴随着上海城市现代化的进程，形成了独特个性的海派文化。海派文化既有中国传统文化的古典与雅致，又有国际大都市的现代与时尚。独特的海派文化风格成为东西方文化交流的重要纽带，2021 年上海市人民政府编制了《上海市社会主义国际文化大都市建设“十四五”规划》，深化上海文化发展改革，全力打响“上海文化”品牌，加快建设具有世界影响力的社会主义国际文化大都市。

德意志新闻社、美国 CNN、法国《世界报》、香港《南华早报》等关注浦东美术馆在上海开馆、世界级视觉艺术博物馆落址上海、埃尔热展览、上海旅游节、上海电影展、资生堂在上海建设新创新中心，Prada 在巴黎和上海开展双城展、国际珠宝峰会、艺术季近 200 场艺术展亮相上海等活动。

上海建设电子竞技中心，沪上休闲娱乐文化受瞩目。英国 BBC、《南华早报》《纽约时报》、CNBC、路透社、俄罗斯 Regnum 通讯社等国际主流媒体关注了上海电竞发展、上海茶馆文化、百乐门舞厅、上海旅游节等。聚焦上海开始建造价值 8.98亿美元的电子竞技场馆，力争成为世界游戏之都。

城际国际文化交流活跃。西班牙、阿根廷等媒体关注了“上海—巴塞罗那友谊之桥”活动、上海外滩举办庆祝阿根廷国家队在美洲杯胜利的灯光秀。

3. 数字城市

2020 年上海公布《关于全面推进上海城市数字化转型的意见》，通过推动经济、生活、治理三大领域数字化转型融合发展，引导全社会共建共治共享数字城市，打造具有世界影响力的国际数字之都。

外媒称赞上海是国际领先的“智慧城市”。2020 年，上海精心编织的“两张网”接连发力，成为疫情防控、复工复产精准高效的“神器”，有力牵引城市治理现代化。西班牙《企业报》发表《智慧城市生活“连接城市生态系统的创新数字化建议”》称，上海市因其“智慧的上海——以人为本的城市”倡议而获得 2020 年“世界智慧城市大奖”。上海以其广泛的公共服务和数据资源的战略，包括部署一个覆盖面广的数字基础设施以及一个电子政务平台——一网通办平台，和一个将信息技术纳入工业生产的方案等成果获得评委们的青睐。法新社发表《上海利用 5G 技术助推城市管理精细化》称，中国上海市在加快构建 5G 网络等新型基础设施的同时，正在探索通过引进新技术助推城市管理智慧化、精细化。上海市虹口区联合中国电信股份有限公司上海分公司，引入“5G＋无人机＋红外成像”技术和无人机智能巡检平台，为已使用 20 年以上的高层住宅楼扫描外墙、排查隐患。

上海加大对新基建投入促进政府数字化转型。日本共同社发表《上海计划将投资 2 700 亿人民币进行新型基础设施建设》称，上海将推进以网络通信设施等 IT 相关为中心的“新型基础设施”建设，推进 48 项重点项目，投资总额预计为 2 700 亿元人民币。此计划已在 2020 年至 2023 年实施。中国台湾《工商时报》发表《后疫情时代全球的产业新发展》称，疫情先行稳定的中国大陆超前部署，国务院宣布以“新基建”为引擎，力拼经济重启。上海随即宣称投资 100 亿人民币，新建 1.2 万个室外基站和 3.2 万个室内小站，实现中心城区、郊区和城镇化地区网络全覆盖，为 5G 发展铺路。上海在国家政策引领下，走在数字经济发展前沿。

“随申码”被外媒频繁提及，受到在沪外籍人士肯定。《纽约时报》报道，中国大陆正走上复苏之路，上海迪士尼乐园开放了部分区域，开放场所已采取一系列健康措施。每一位进入度假村的客人都必须经过温度检测程序，并出示他们的上海二维码(随申码)。该二维码是一种政府授权的系统，中国公民会被分配一个会变色的二维码来显示他们的健康状况。上海的大部分政策很可能在美国推广，除了健康码，因为美国还没有在公民中实施这一制度。意大利《晚邮报》称，在上海教委管理下，上海的国际和公立学校重新开放。一名在上海的意大利母亲表示：“严格控制是一种保护。”她表示，现在我们每个人都有一个“健康码”，它是一种身份证明文件，可以实时更新，并时刻都需要它来证明健康状况。

4.“五个中心”

2020 年，上海发布《关于进一步加快推进上海国际金融中心建设和金融支持长三角一体化发展的意见》，为国际金融中心建设按下“加速键”。《上海市推进科技创新中心建设条例》正式实施，与科创“22 条”、科改“25 条”，构建起门类齐全、工具多样的科技创新政策法规体系。上海成功举办第三届中国国际进口博览会，成交 726.2 亿美元，持续放大进口博览会溢出带动效应。北外滩首发项目启动。洋山四期自动化码头作业量不降反升，助力上海国际航运中心建设。上海还启动建设浦东国际机场四期工程，进一步提升吞吐量。

多份国际榜单显示，上海国际金融中心和航运中心排名上升。路透社发表《全球金融中心排名 纽约仍领先伦敦位居榜首》称，在全球金融中心排名中，上海位列第三。在金融智库 Z/Yen 公布的全球金融中心调查中，纽约仍然稳居榜首，伦敦居第二名，上海超过东京位列第三名，香港特区和新加坡则分居第五和第六位。英国广播公司（BBC）发表《新冠病毒背景下，上海崛起为世界上连通性最强城市》称，上海已取代伦敦，成为全球连通性最强的城市。根据国际航空运输协会（IATA）数据，伦敦航空旅行的连通性下降了 67%，上海的排名已上升至全球首位，目前世界上连通性最强的四个城市都在中国，分别是上海、北京、广州和成都。

上海形成具有全球影响力的科技创新中心基本框架。中国台湾《旺报》发表《上海拼 5 个中心科创最具看点》称，上海市 2020 年政府工作报告中有关上海“5 个中心”建设的最新表态颇具亮点。2020 年上海将形成具有全球影响力的科技创新中心基本框架。促进创新链与产业链深度融合，全面实施集成电路、人工智能、生物医药“上海方案”，集聚高水准研发机构，加快形成一批聚焦关键核心技术、具有国际先进水准的功能型研发转化平台。美通社发表《2020 人工智能新一线城市揭榜，北深杭沪渝位列前五》称，根据《2020—2021 中国人工智能计算力发展评估报告》，上海市位列 AI 算力城市排行前五。上海已经建成了法人库、实有人口库和空间地理库三大基础数据库，这为人工智能在上海的发展奠定了坚实的基础。

（三）国际主流媒体报道特征

从 2017—2021 年国际媒体涉沪报道来看，主要呈现以下几个特征。

1. 关注改革开放及开放型世界经济建设

2021 年，上海浦东持续建设改革开放新高地。时任上海市委书记李强在“中国浦东高水平改革开放和建设开放型世界经济”分论坛致辞时指出，我们正在不断深化更宽领域、更深层次、更高水平的对外开放，在开放的时代大潮中勇立潮头。

外媒关注自贸区经济蓬勃发展。日本共同通讯社、韩国《亚洲经济》、美国 NewsRx 等媒体关注自贸区发展。聚焦自贸区全球运营计划 GOP、放宽离岸交易监管等，临港自贸区建设具有世界影响力的“东方半导体港”，虹桥 CBD 建设全球一流商业中心等。

外媒聚焦上海营商环境。特斯拉、宁德、临港受到路透社、《南华早报》、雅虎新闻等国际主流媒体持续关注。《南华早报》援引时任上海市常务副市长陈寅说：“高质量发展的新空间、新动力和新模式将是该区（临港自贸区）的关键因素。”

浦东机场迅猛发展。《卡塔尔论坛报》、英国《国际铁路杂志》等关注了浦东国际机场的数字化转型，认为其将引领中国智能机场建设，助力长三角一体化发展。

2. 聚焦科创、金融和航运

上海市第十五届人大五次会议上，市长龚正指出，上海“五个中心”建设实现重大目标，国际经济、金融、贸易、航运中心基本建成，国际科创中心形成基本框架。上海在上述五个领域的动态受到国际媒体的持续关注，其中，科创、金融和航运尤其吸引外媒目光。

上海加快新能源车制造业发展。路透社、《纽约时报》《每日邮报》、俄罗斯Regnum通讯社、美国电子新闻社等关注特斯拉、宁德、上汽、蔚来等新能源车产业，称中国正在成为全球汽车市场的重要参与者。

持续优化经济金融政策。路透社认为上海控制保证性住房租金涨幅能更好解决年轻人住房，促进社会公平，但是《南华早报》对此举措有效性提出质疑。彭博社报道上海启动“全域无隐性债务”试点工作。

上海重视科创版、区块链发展。美通社、Forkast、韩国《亚洲经济》等媒体关注科创板，称其为“上海版纳斯达克”，有助于降低对美国资本市场的依赖度。同时关注上海国际区块链周，以及新加坡区块链公司Conflux在上海自贸区试点离岸人民币等。

上海加快建设世界航运中心。《英国海贸海事新闻》《卡塔尔先驱报》、韩国《航运新闻》、ONEWS、阿根廷的《西班牙海运新闻》、墨西哥《西方人报》等关注上海建设世界最高水平的国际物流中心，在长江三角洲建设最尖端港口和机场集群。

3. 关注社会主义国际文化大都市建设

2021年上海市人民政府编制了《上海市社会主义国际文化大都市建设“十四五”规划》，深化上海文化发展改革，全力打响“上海文化”品牌，加快建设具有世界影响力的社会主义国际文化大都市。

上海艺术氛围浓厚，时装周、旅游节、电影展等活动密集。德意志新闻社、CNN、法国《世界报》、香港《南华早报》等多家媒体关注上海旅游节、上海电影展、上海双城展、国际珠宝峰会等活动。

BBC、《南华早报》《纽约时报》、CNBC、路透社、俄罗斯Regnum通讯社等国际主流媒体关注了上海电竞发展、上海茶馆文化、百乐门舞厅、上海旅游节等。

4. 关注城市管理

2021年上海及时高效应对新冠本土疫情，逐步完善城市规划、迎战台风“灿都”，其国际化城市治理水平获外媒赞扬。但国际媒体对于上海防疫工作的解读褒贬不一。

上海疫情防控措施引发国际媒体关注分析。路透社、《南华早报》、韩国纽西斯通讯社、印尼安塔拉通讯社都关注了上海疫苗情况。特别上海是首个向外国人提供疫苗的中国城市。

英国《卫报》、路透社、美联社、彭博社、《华尔街日报》、CNN、沙特通讯社等均报道了上海迪士尼发现因本土疫情暂时关闭园区的消息。媒体多将中国"动态清零"策略称为"零感染"，并强调该政策对人们出行、旅游等日常生活的负面影响。

城市规划获国际主流媒体赞誉。彭博社、《纽约时报》《每日邮报》等媒体关注了上海的五个新城建设、苏州河改造、龙华机场跑道改造等，称长江三角洲一体化构成"中国协调发展的国家战略"。

5. 关注智能上海及全社会共建共治共享数字城市

近年，上海积极推进全社会共建共治共享数字城市，科学有序全面推进城市数字化转型，相关举措获得多家外媒点赞。外媒称上海为智慧城市。埃及《金字塔报》、沙特《中东报》、西班牙"数字智慧城市"媒体均关注智能上海，称上海建设"双千兆"城市所需的数字基础设施建设尤为突出。

世界人工智能大会受外媒关注。欧洲新闻电视台、英国、韩国行业媒体均报道了世界人工智能大会，聚焦医学创新、人工智能诊断。

6. 关注上海国际消费中心城市建设

第四届中国国际进口博览会圆满闭幕，共吸引了 127 个国家和地区的 2 900 多家企业参展，获外媒高度关注。

习近平主席在第四届进博会开幕式上发表重要讲话。路透社报道了习近平在进博会开幕式上对疫情和进口贸易相关问题的讲话。彭博社称，习近平表示中国将对数字经济、贸易和环境、工业补贴和国有企业等问题的谈判采取"积极和开放"的态度。《南华早报》称，习近平在讲话中提出中国愿意讨论数字经济、产业补贴和国有企业等问题，批评了保护主义和单边主义，承诺解决他国对中国贸易行为的担忧。《产经新闻》称，习近平主席在讲话中重申愿意加入《全面与进步跨太平洋伙伴关系协定》，表示将"稳步推进高水平开放"。

东南亚、"一带一路"倡议相关国家媒体高度肯定进博会以及中国的开放姿态。新加坡《商业时报》、菲律宾《马尼拉公报》、《卡塔尔论坛报》、巴基斯坦联合通讯社、《马来西亚储备报》等媒体都提到中国是本国企业的重要市场，进博会为加强国际贸易与经济合作提供了良好平台。

上海与外资企业紧密合作赢得外媒赞赏。俄罗斯 Regnum 通讯社报道、德国《食品报》等媒体关注上海和欧盟紧密合作。进博会为世界各国提供发展机遇和平台。韩国纽西斯通讯社、《金边邮报》《巴基斯坦观察家报》、智利媒体等报道各国企业参展情况，称进博会为其国内产品寻找市场。

7. 关注上海构建现代环境治理体系及环保低碳转型城市

2021年，上海市制定了《上海市关于加快建立健全绿色低碳循环发展经济体系的实施方案》，进一步深化构建现代环境治理体系，建设环保低碳转型城市。《对话中国》《银行家》《法律前沿》等欧洲媒体关注上海宣布将在“十四五”期间努力实现碳峰值、上海环境能源交易所启动交易、新能源汽车、上海电力阿根廷能源管道项目等。

(四)国际主流媒体报道信源特征

1. 中国官方媒体和上海本土媒体成为国际主流媒体涉华报道的重要消息源

2018年，国际主流媒体在报道上海时除了引用中国官方媒体外，多使用上海本地媒体作为消息来源。由Factiva的数据统计可得知，外媒对于上海的报道除了使用新华社、《中国日报》等消息来源外，其余排名前几位的多为上海本地的媒体，而且这些媒体的报道被引数量很高。《上海日报》成为传播“上海声音”的主要力量，2018年被引报道次数为4 285次。紧接《上海日报》的是上海有色网，被引报道量为1 907次。上海有色网主要提供金属行情、咨询、交易以及金融等服务，具有突出特色。其次，《一财全球》作为《第一财经》推出的英文资讯媒体，在2018年被外媒引用的数量达到1 698条，相比较2017年被引数量265篇，增长了1 433篇。由此可见财经金融是对外塑造上海国际形象的一大要点。此外，盖世汽车资讯在2018年被国外媒体引用了1 338次，体现了国际主流媒体对汽车等行业的关注。《都市上海》作为《环球时报》推出的英文专栏也受到了国际主流媒体的关注，被引1 230次。此外，东方网共被引588次，而《上海商业评论》被引的次数较少，共28次。

国际主流媒体在引用中国国内媒体对上海报道的同时，也关注上海市政府的发言和举措。2018年，上海市政府在推动上海对外经济合作方面发挥了重要作用，为外媒的涉沪报道提供了官方的消息来源，上海媒体领先地方类媒体，成为外媒重要消息源。《上海证券报》《上海日报》《解放日报》、东方卫视、《文汇报》、ICS等成为传播“上海声音”的主力，向国际社会展示了上海全方位开放、参与全球竞争与合作的形象。尤其是《上海证券报》成为外媒引用量最大的本地媒体，可见财经、证券类信息直接影响上海国际形象的塑造。同时我们也要看到，虽然上海媒体对外媒的影响力领先于《中国青年报》《新京报》等国内知名媒体，但与2015年和2016年相比，2018年几乎所有上海媒体被外媒引用的频次都在减少，这值得引起重视。

新媒体被引用量独领风骚，微信首次成为排名第一的消息源。目前微信、微博已成为外媒获取上海第一手信息的重要平台，尤其是在突发事件的报道上。国际主流媒体常将官方媒体信息与微信、微博信息作对比，在权威信息上依赖官方媒体，而对民间社会的声音更依赖微信和微博，而且不同消息源相互印证，外媒对中国消息源的引用渠道日趋多元。新媒体时代为上海媒体的发展提出了新要求，本地媒体不仅要提供来自上海尤其是民间社会的声音，而且要密切关注网络空间尤其是自媒体平台的动态，及时回应网民的信息需求。

2. 外国记者是上海城市国际形象的把关人

外国记者，尤其是驻沪记者成为上海国际形象塑造的主要参与者。在2017年报道上海发稿量最大的外媒记者中，排名居前的主要来自《华尔街日报》、路透社、《南华早报》、美联社和法新社。其中《华尔街日报》记者Riva Gold居第一，发表了995篇报道，这其中有一部分是首发稿件，还有一部分是被其他媒体转载的。路透社John Ruwitch发表了919篇，《南华早报》Daniel Ren发表了369篇，美联社Doug Ferguson发表了182篇，法新社Roland Jackson发表了153篇。与国外驻华记者相比，中国记者的表现也相当抢眼。《中国日报》上海记者站的周文婷发表了455篇，居于国内外记者前列，在引导国际涉华舆论中起了重要作用。

在2018年涉沪报道的外媒记者中，排名靠前的几乎都是英国路透社的记者，这些记者在对应媒体上发表的报道大都来自上海记者站。从发表报道的数量排名来看，英国《金属导报》的分析师Jessica Zong（中国）排名第一，共发表784篇报道，这些报道主要是首发稿，涉及内容主要是中国国内金属价格以及上海期货交易价格等。此外，路透社记者John Ruwitch共发表了722篇报道；同为路透社记者的Andrew Galbraith共发表495篇报道；法国SPORTStratégies.com的Louise Mandin发表了报道466篇；路透社Winni Zhou发表报道420篇，路透社Brenda Goh发表了372篇，成为影响上海对外形象的重要元素。英国路透社作为通讯社，在对上海的报道总数上排名在前，其余排名靠前的外国记者主要关注的上海的金属市场价格等具体的领域。因此，在对外记者的关注方面，需要了解其涉沪报道的内容倾向以及态度立场，在此基础上有针对性地开展对外宣传工作。

第二节 国际社交媒体中的上海城市图景

随着新媒体对城市形象传播领域的不断渗透，当前海外社交平台由于其传播受众的广泛性、传播主体的多样化、传播内容的日常化、传播途径的场景化等已经成为城市形象国际传播的重要载体，也成为我国城市形象国际传播的重要渠道和平台①。与国际主流媒体不同，社交媒体传播具有速度快、范围广、受众多、互动强等特点，国际社交媒体反映的更多是海外普通民众对国际城市的印象。

一、国际社交媒体涉沪数量及分布

上海城市形象在国际社交媒体中传播，是衡量上海城市软实力的重要实践。通过对 Meltwater 社交媒体监测中心检索，按国际社交媒体平台类型统计上海城市形象的传播实践，对应数值为该社交媒体平台提及上海次数（见图 2-6）。从总量上看，上海城市形象集中在 Twitter 和 Bolgs 两个平台传播，两者合计占比达到 91%，这也与美国皮尤研究中心（Pew Research Center）研究报告的结果吻合，美国皮尤研究中心 2021 年调查显示，18 至 29 周岁的美国公民中，使用 Twitter 和 Facebook 的占比分别为 42%和 70%②。尽管 Twitter 和 Facebook 属于当前最受年轻人欢迎的社交媒体之一，但是上海城市形象在两个平台的传播实践情况却出现两极分化的情况，其原因在于，Facebook 主打以群组交流的熟人社交模式，上海城市形象的传播空间受限，仅能在一些与上海相关的本地群组小范围地传播，而 Twitter 则提供当下全球实时事件和热议话题讨论的平台，从突发事件、娱乐信息、体育消息、政治新闻，到日常资讯、实时评论等全方位地展现了上海城市形象的每一面，因而 Twitter 平台提及上海的次数领先于其余社交媒体平台，其传播占比超过 50%。

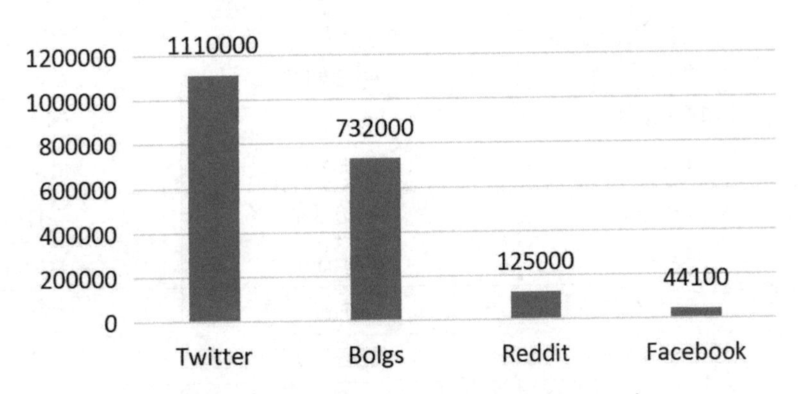

图 2-6　国际社交媒体平台涉沪提及次数（2021 年）

---

① 杜秀峰. 海外社交媒体视域下佛山城市形象国际传播策略研究[J]. 新媒体研究，2021，7（02）：100-103.

② PEWRESERRCH：Social Media Use in 2021[EB/OL].[2022-07-25]. https://www.pewresearch.org/internet/2021/04/07/social-media-use-in-2021/.

由于在国际社交媒体平台涉沪报道量统计中，涉沪提及数量高度集中于Twitter这个单一平台，因此以Twitter作为国际社交媒体平台的范本，以统计国际社交媒体涉沪提及国家和地区的分布（见表2-3）（本表为2021年Twitter抽样数据，每个月随机抽取7天的数据）。整体上看，国际社交媒体涉沪提及的国家/地区呈现广泛且集中的态势，全球绝大部分国家都有涉及，在北美、西欧、南亚、东亚等地区集中传播。此外，涉沪提及量过两万的国家有美国、法国、泰国、印度、英国、日本、菲律宾、印度尼西亚、加拿大，显示上海的城市形象影响力广泛存在于周边国家以及一些西方发达国家，这也符合上海追求建立引领亚洲、辐射全球的城市形象目标。

表2-3 国际社交媒体Twitter平台涉沪用户所在国家/地区统计

ID	国家/地区中文名称	国家/地区英文名称	数量(篇)
1	未知	Unknown	290142
2	美国	United States	44353
3	中国	China	21200
4	法国	France	21100
5	泰国	Thailand	12747
6	印度	India	10819
7	英国	United Kingdom	10523
8	日本	Japan	9104
9	菲律宾	Philippines	7980
10	印度尼西亚	Indonesia	5562
11	加拿大	Canada	5107
12	澳大利亚	Australia	4917
13	越南	Vietnam	4469
14	西班牙	Spain	3569
15	德国	Germany	3326
16	马来西亚	Malaysia	2934
17	巴西	Brazil	2859
18	墨西哥	Mexico	2695
19	中国香港特别行政区	Hong Kong SAR, China	2498

（续表）

ID	国家/地区中文名称	国家/地区英文名称	数量(篇)
20	巴基斯坦	Pakistan	2280
21	尼日利亚	Nigeria	2265
22	意大利	Italy	2226
23	阿根廷	Argentina	1869
24	荷兰	Netherlands	1701
25	韩国	Republic of Korea	1598
26	南非	South Africa	1407
27	肯尼亚	Kenya	1401
28	瑞典	Sweden	1335
29	瑞士	Switzerland	1310
30	新加坡	Singapore	1294
31	希腊	Greece	1251
32	比利时	Belgium	1067
33	俄罗斯	Russia	1060

在国际社交媒体 Twitter 平台涉沪语种方面，英语、泰语、法语、印度尼西亚语言提及量居前列（见图 2-7），上海城市形象在社交网络的传播仍主要依赖西方发达国家的话语设置，但令人关注的是，东南亚国家已成为涉沪话题的重点地区，Twitter 平台涉沪提及排名前十的语种中，东南亚国家语种达到 4 个，分别是泰语、印度尼西亚语、菲律宾语以及马来西亚语。

二、国际社交媒体中的上海城市关注议题

国际社交媒体议题分析以 Twitter 为主，对 Meltwater 社交媒体监测中心检索到的涉沪社交媒体内容进行话题分析，以 2021 年 Twitter 含上海关键词的整年数据为样本进行主题建模，采用自然语言处理领域最新的词向量技术 BERTopic 进行主题建模。BERTopic 是一种主题建模技术，基于密度聚类和基于中心采样（主题词）之间的技术，BERTopic 利用 Transformer 和 c-TF-IDF 来创建密集的集群，通过 BERTopic 可建立起上海 Twitter 数据的解释主题，同时在主题描述中保留重要词，方便主题编码归类。

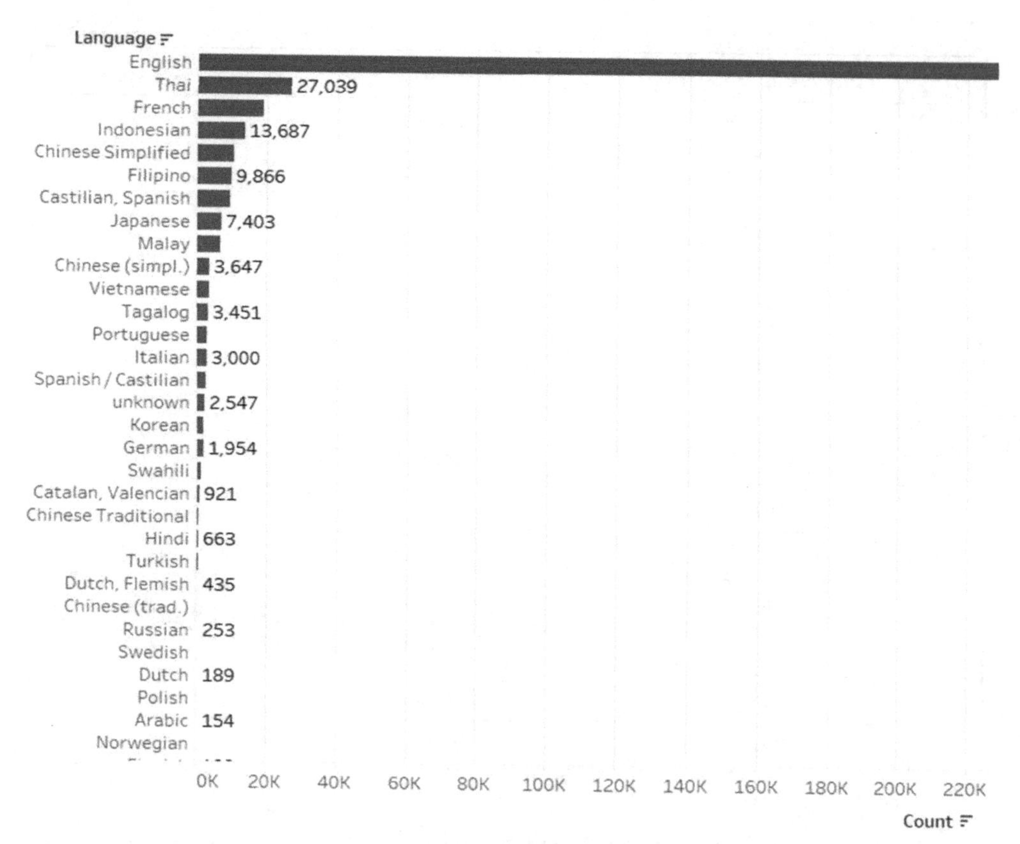

图 2-7　国际社交媒体 Twitter 平台涉沪提及语种统计

话题结果如图 2-8。总体来看，国际社交媒体中的上海城市关注议题与国际新闻媒体关注议题存在一定差别，Twitter 话题以体育、文化、娱乐等为主，这也符合社交媒体的娱乐化、生活化的趋势发展。同时，商业与工业相关的话题也占有一定的比例，凸显出上海金融商业及先进的工业制造，以特斯拉为首的工业建设与生产亦受到国际社交媒体用户的关注。可见，汽车产业作为全球第一产业，在绿色新能源技术的发展背景下，其发展方向已经与传统汽车工业渐行渐远，而上海在引进特斯拉超级工厂后更是引起了全球关注，显然已经掌握了汽车工业发展的主动权，相关的议题数据亦表明上海正逐渐成为东亚乃至世界的汽车工厂。

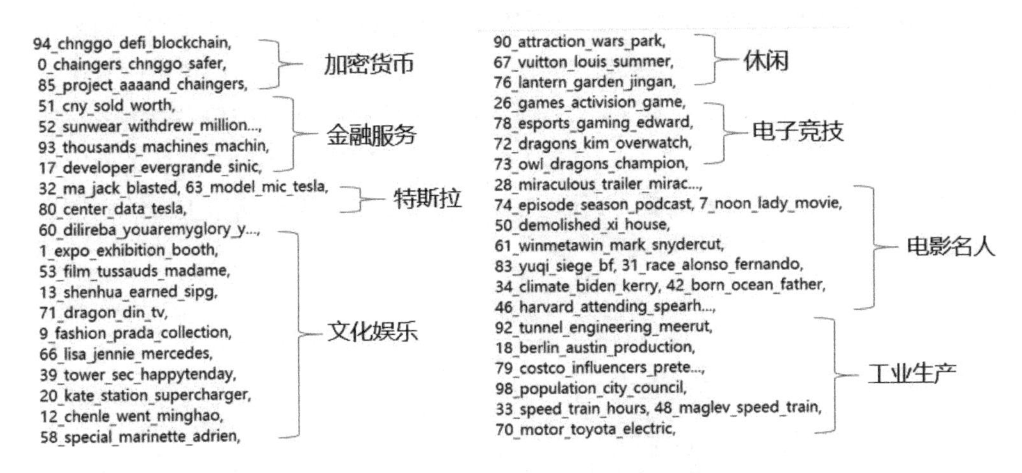

图 2-8　国际社交媒体 Twitter 的上海城市关注议题分层

三、国际社交媒体网民涉沪态度

社交媒体网民涉沪情感倾向的数据来源为融文公司（Meltwater）社交媒体监测中心，以 Shanghai 作为检索词，检索日期跨度为 2021 年 1 月 1 日至 2021 年 12 月 31 日，共识别 111 万多条社交媒体网民涉沪情感倾向（见图 2-9）。数据显示，社交媒体网民涉沪情感倾向的分布占比与国际主流媒体对上海城市报道态度占比基本一致，涉沪情感倾向以中性和正面为主，其中 75.3%的内容是中性，14.1%是正面，5.6%是负面，未识别占比在 5.0%。

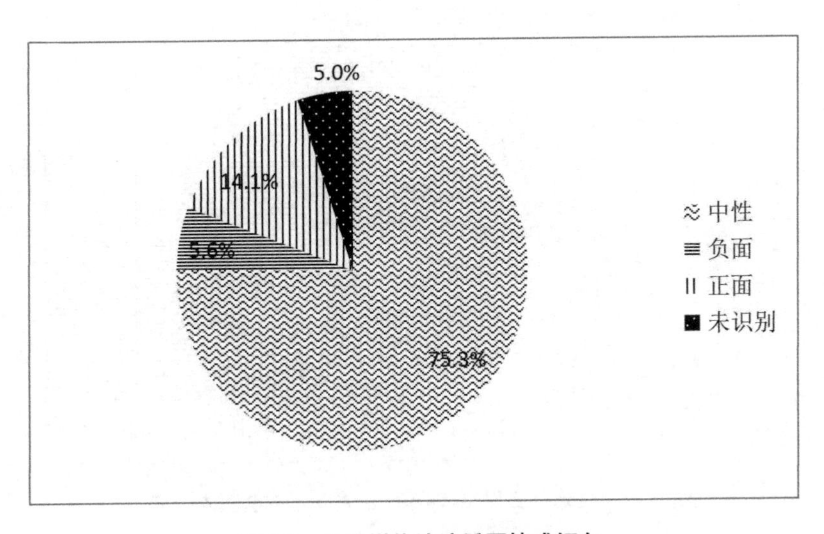

图 2-9　社交媒体涉沪话题情感倾向

2021 年全球社交网络 Twitter 上海情感总体分布如图 2-10，社交媒体网民正向情绪所在的国家/地区数量达到 168 个，占比 87.9%；社交媒体网民负向情绪所在的国家/地区数量仅为 15 个，占比 7.8%；社交媒体网民中立情绪所在的国家/地区数量为 8 个，占比 4.3%。总体上看，上海在大部分国家/地区社交媒体的网民情感倾向相较于传统新闻媒体更为正面或中立，突显了在社交网络中上海的城市形象得到了更广泛的网民的认同。

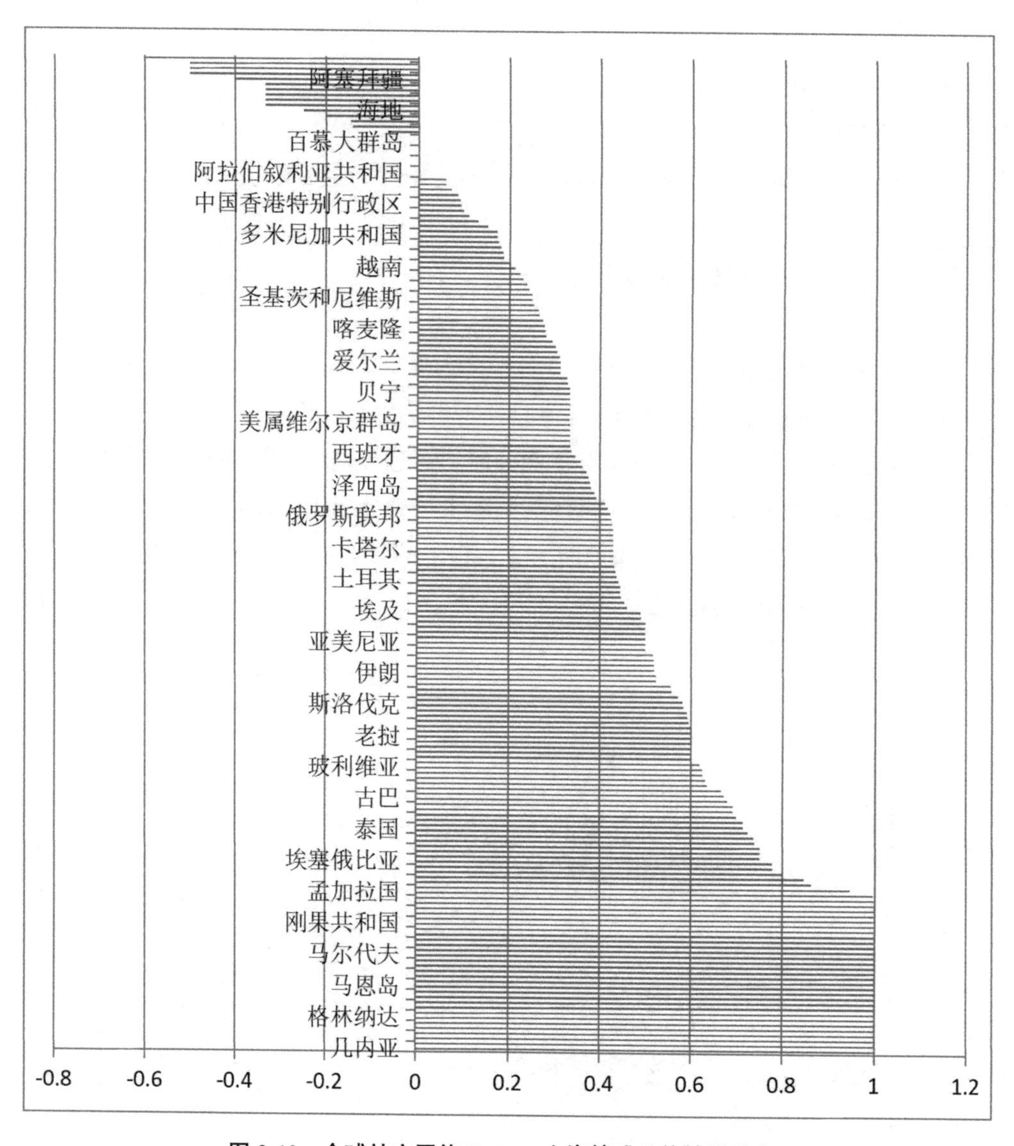

图 2-10　全球社交网络 Twitter 上海情感总体抽样分布

在全球社交网络 Twitter 上海正向情感分布中(表 2-4),情感倾向强度较高的国家/地区共有 30 个,全球平均情感倾向强度为 0.447,与国际主流媒体对上海城市报道态度相比,全球社交网络的总体情感倾向更为积极正面,国家/地区分布遍布大部分地区。

表 2-4　全球社交网络 Twitter 上海情感分布

ID	国家/地区中文名称	国家/地区英文名称	情感值
1	几内亚	Guinea	1
2	约旦	Jordan	1
3	新喀里多尼亚	New Caledonia	1
4	圣多美和普林西比	Sao Tome and Principe	1
5	佛得角	Cape Verde	1
6	多米尼克	Dominica	1
7	格林纳达	Grenada	1
8	圣马力诺	San Marino	1
9	马绍尔群岛	Marshall Islands	1
10	圣卢西亚	Saint Lucia	1
11	北马里亚纳群岛	Northern Mariana Islands	1
12	厄立特里亚	Eritrea	1
13	马恩岛	Isle of Man	1
14	莫桑比克	Mozambique	1
15	斯瓦尔巴群岛和扬马延岛	Svalbard And Jan Mayen	1
16	纳米比亚	Namibia	1
17	乌兹别克斯坦	Uzbekistan	1
18	库拉索	Curacao	1
19	马尔代夫	Maldives	1
20	刚果	Congo	1
21	加蓬	Gabon	1
22	托克劳	Tokelau	1
23	科摩罗	Comoros	1
24	列支敦士登	Liechtenstein	1

（续表）

ID	国家/地区中文名称	国家/地区英文名称	情感值
25	刚果共和国	Republic of the Congo	1
26	索马里	Somalia	1
27	阿富汗	Afghanistan	1
28	东帝汶	Timor-Leste	1
29	莱索托	Lesotho	1
30	苏里南	Suriname	1
31	孟加拉国	Bangladesh	0.99536
32	柬埔寨	Cambodia	0.94595
33	赞比亚	Zambia	0.86207
34	朝鲜	Democratic People's Republic of Korea	0.84615
35	毛里塔尼亚	Mauritania	0.8
36	斯里兰卡	Sri Lanka	0.77901
37	埃塞俄比亚	Ethiopia	0.77778
38	保加利亚	Bulgaria	0.75
39	卢森堡	Luxembourg	0.75
40	洪都拉斯	Honduras	0.75
41	伊拉克	Iraq	0.73913
42	日本	Japan	0.73721
43	泰国	Thailand	0.72459
44	中非共和国	Central African Republic	0.71429
45	圭亚那	Guyana	0.71429
46	乌干达	Uganda	0.7
47	韩国	Republic of Korea	0.69277
48	民主刚果	Democratic Republic of the Congo	0.69231
49	古巴	Cuba	0.68
50	尼泊尔	Nepal	0.67347
51	卢旺达	Rwanda	0.66667
52	阿拉伯利比亚民众国	Libyan Arab Jamahiriya	0.63636
53	斯洛文尼亚	Slovenia	0.63158

（续表）

ID	国家/地区中文名称	国家/地区英文名称	情感值
54	缅甸	Myanmar	0.625
55	玻利维亚	Bolivia	0.625
56	阿尔及利亚	Algeria	0.61905
57	马其顿	Macedonia	0.6
58	巴林	Bahrain	0.6
59	萨尔瓦多	El Salvador	0.6
60	阿曼	Oman	0.6
61	老挝	Laos	0.6
62	塞内加尔	Senegal	0.6
63	苏丹	Sudan	0.6
64	波多黎各	Puerto Rico	0.59459
65	巴拉圭	Paraguay	0.59184
66	印度	India	0.59024
67	斯洛伐克	Slovakia	0.58333
68	佐治亚州	Georgia	0.5814
69	巴勒斯坦	Palestine	0.57143
70	巴基斯坦	Pakistan	0.55776
71	哈萨克斯坦	Kazakhstan	0.55556
72	黎巴嫩	Lebanon	0.52381
73	伊朗	Iran	0.52381
74	未知	Unknown	0.51991
75	菲律宾	Philippines	0.5195
76	希腊	Greece	0.51837
77	中国台湾	Taiwan，Province of China	0.51724
78	科威特	Kuwait	0.5
79	亚美尼亚	Armenia	0.5
80	马提尼克	Martinique	0.5
81	也门	Yemen	0.5
82	汤加	Tonga	0.5

（续表）

ID	国家/地区中文名称	国家/地区英文名称	情感值
83	法属波利尼西亚	French Polynesia	0.5
84	阿拉伯联合酋长国	United Arab Emirates	0.4898
85	埃及	Egypt	0.48936
86	乌拉圭	Uruguay	0.45946
87	瑞典	Sweden	0.45366
88	坦桑尼亚	Tanzania	0.44615
89	沙特阿拉伯	Saudi Arabia	0.44444
90	巴布亚新几内亚	Papua New Guinea	0.44444
91	土耳其	Turkey	0.44156
92	墨西哥	Mexico	0.43564
93	阿根廷	Argentina	0.43363
94	中国	China	0.43117
95	毛里求斯	Mauritius	0.42857
96	塞拉利昂	Sierra Leone	0.42857
97	卡塔尔	Qatar	0.42857
98	南极洲	Antarctica	0.42857
99	丹麦	Denmark	0.42857
100	克罗地亚	Croatia	0.42857
101	拉脱维亚	Latvia	0.42857
102	新加坡	Singapore	0.42609
103	俄罗斯联邦	Russia	0.425
104	厄瓜多尔	Ecuador	0.42308
105	布基纳法索	Burkina Faso	0.41667
106	爱沙尼亚	Estonia	0.41176
107	委内瑞拉	Venezuela	0.39241
108	大不列颠联合王国	United Kingdom	0.38744
109	泽西岛	Jersey	0.37931
110	乌克兰	Ukraine	0.37778
111	博茨瓦纳	Botswana	0.375

（续表）

ID	国家/地区中文名称	国家/地区英文名称	情感值
112	波兰	Poland	0.36957
113	加纳	Ghana	0.36134
114	智利	Chile	0.35751
115	西班牙	Spain	0.34574
116	南非	South Africa	0.33708
117	意大利	Italy	0.3344
118	黑山	Montenegro	0.33333
119	法属圭亚那	French Guiana	0.33333
120	瓜德罗普	Guadeloupe	0.33333
121	美属维尔京群岛	United States Virgin Islands	0.33333
122	安哥拉	Angola	0.33333
123	科特迪瓦	Cote D'Ivoire	0.33333
124	中国澳门特别行政区	Macao SAR，China	0.33333
125	秘鲁	Peru	0.33333
126	安道尔	Andorra	0.33333
127	贝宁	Benin	0.33333
128	摩洛哥	Morocco	0.33333
129	尼日利亚	Nigeria	0.32751
130	马来西亚	Malaysia	0.32642
131	匈牙利	Hungary	0.3125
132	比利时	Belgium	0.3125
133	爱尔兰	Ireland	0.312
134	以色列	Israel	0.31034
135	尼加拉瓜	Nicaragua	0.30435
136	哥伦比亚	Colombia	0.30055
137	塞尔维亚	Serbia	0.29412
138	法国	France	0.28058
139	喀麦隆	Cameroon	0.27928
140	德国	Germany	0.27647

（续表）

ID	国家/地区中文名称	国家/地区英文名称	情感值
141	蒙古	Mongolia	0.27273
142	罗马尼亚	Romania	0.26582
143	新西兰	New Zealand	0.26316
144	加拿大	Canada	0.25351
145	圣基茨和尼维斯	Saint Kitts And Nevis	0.25
146	马拉维	Malawi	0.25
147	葡萄牙	Portugal	0.24272
148	瑞士	Switzerland	0.23762
149	美国	United States	0.2281
150	危地马拉	Guatemala	0.22222
151	越南	Vietnam	0.21117
152	芬兰	Finland	0.2
153	冰岛	Iceland	0.1875
154	挪威	Norway	0.18519
155	荷兰	Netherlands	0.18095
156	捷克共和国	Czech Republic	0.17647
157	多米尼加共和国	Dominican Republic	0.17241
158	奥地利	Austria	0.17172
159	突尼斯	Tunisia	0.15152
160	哥斯达黎加	Costa Rica	0.13043
161	马达加斯加	Madagascar	0.11111
162	巴拿马	Panama	0.09804
163	中国香港特别行政区	Hong Kong SAR China	0.09412
164	立陶宛	Lithuania	0.09091
165	肯尼亚	Kenya	0.08571
166	印度尼西亚	Indonesia	0.07187
167	特立尼达和多巴哥	Trinidad and Tobago	0.05882
168	津巴布韦	Zimbabwe	0.05882
169	阿拉伯叙利亚共和国	Syrian Arab Republic	0

（续表）

ID	国家/地区中文名称	国家/地区英文名称	情感值
170	吉尔吉斯斯坦	Kyrgyzstan	0
171	文莱达鲁萨兰国	Brunei Darussalam	0
172	马耳他	Malta	0
173	巴哈马	Bahamas	0
174	阿尔巴尼亚	Albania	0
175	百慕大群岛	Bermuda	0
176	牙买加	Jamaica	0
177	巴西	Brazil	−0.06809
178	白俄罗斯	Belarus	−0.14286
179	澳大利亚	Australia	−0.14641
180	摩纳哥	Monaco	−0.2
181	海地	Haiti	−0.25
182	不丹	Bhutan	−0.33333
183	法国留尼汪省	Reunion	−0.33333
184	塞舌尔	Seychelles	−0.33333
185	尼日尔	Niger	−0.33333
186	乍得	Chad	−0.33333
187	阿塞拜疆	Azcrbaijan	−0.4
188	波斯尼亚和黑塞哥维那	Bosnia and Herzegovina	−0.5
189	塞浦路斯	Cyprus	−0.5
190	巴巴多斯	Barbados	−0.5
191	多哥	Togo	−0.6

在全球社交网络 Twitter 上海负向情感分布中，主要国家有巴西、尼日尔、乍得、阿塞拜疆、澳大利亚、白俄罗斯等一些零散国家，分布较为分散。其中，除了不丹、塞舌尔、乍得、尼日尔、多哥等几个国家的情感倾向强度低于−0.33 外，其余国家的负向情感倾向强度均处于 0 至−0.25 之间，不排除由于数据样本量过少导致情感系数出现误差的可能性。

四、国际社交媒体中上海城市形象的整体特征

（一）城市定位

国际社交媒体中上海城市定位与国际主流媒体中上海城市定位存在维度上的区别。国际主流媒体中上海城市定位侧重于宏观层面的城市建设，而国际社交媒体中上海城市定位更倾向于民众的日常生活，是城市宏大叙事在城市烟火气上的体现。拥有160余年多元文化交流历史的上海，现已形成海纳百川、五方杂处、中西融汇的城市精神定位，其社会主义现代化国际大都市的形象亦得以用国际体育赛事之都、国际文化之都、国际时尚之都、国际数字之都等更为具象的标识来阐释。

（二）城市形象传播元素

1. 潮流文化

潮流文化成为国际社交媒体讨论中的重要议题，主要包括明星、游戏、体育、时尚等议题。通过承办体育赛事、文化交流活动、明星商演等突破国界的国际性活动，上海潮流文化影响辐射世界不同区域国家，呈现出多元共生、文化交融的特点。2020年和2021年，上海承办英雄联盟全球总决赛、中国时尚盛典、“这就是街舞4”等国际赛事和大型活动，成为国际文化交流的重要舞台。上海也是明星举办演唱会、粉丝见面会的热门城市，人气组合威神V、Got7，以及张艺兴、肖战等明星在上海举办了粉丝见面会、签售会或巡演，掀起中外粉丝的狂欢。

2. 证券交易

上海作为中国内地的金融中心，承担着金融资本服务实体经济的关键任务，而上海证券交易所因处于整个任务的核心地位而受到社交媒体用户的广泛关注。上海证券交易所不断改革创新，着力于服务国家战略，突破核心技术，于2019年6月设立科创板并试点注册制。重点支持新一代信息技术、高端装备、新材料、新能源、节能环保以及生物医药等高新技术产业和战略性新兴产业，推动互联网、大数据、云计算、人工智能和制造业深度融合，引领中高端消费，推动质量变革、效率变革、动力变革①。

随着中美金融贸易摩擦愈演愈烈，美国证券委员会将多家中国在美上市企业纳入退市风险名单，中概股在美上市环境恶化。退市危机下的中概股公司瞄准上

---

① 中国政府网. 证监会发布《关于在上海证券交易所设立科创板并试点注册制的实施意见》[EB/OL]. [20122-11-31]. http://www.gov.cn/xinwen/2019-01/31/content_5362765.htm.

海证券交易所作为回归上市的落脚点，中国电信、中国移动分别于 2021 年 8 月和 2022 年 1 月在 A 股上市。香港《南华早报》@ SCMPNews 于 2022 年月 22 日发表推文称："随着中国公司回国应对美国退市威胁，上海证券交易所成为全球第一大 IPO 市场。" 中概股的回归使得上海证券交易市场获得重大发展机遇，进一步巩固了上海在世界金融中心的地位。

3. "四大品牌"

打响"四大品牌"是上海以习近平新时代中国特色社会主义思想为指导，落实国家战略、着眼未来发展作出的重大部署。《上海蝙蝠侠》作为上海经典文化产品的创新和传承，为进一步提高"上海服务"辐射度，彰显"上海制造"美誉度，增强"上海购物"体验度，展现"上海文化"标识度，提供了上海历史和魅力的媒介化呈现，使"四大品牌"打得更响、传得更远、影响更广。如@ItsKunoo 在推特发文及视频称："《上海蝙蝠侠》为你的空闲时间提供精神消遣。"这一作品由成立于上海的狼烟动画工作室制作，制片方为美国华纳动画，该动画片以 20 世纪 30 年代的中国上海为背景，成为传播上海城市形象的载体。

第三节　视频类国际社交媒体中的上海城市形象

形象塑造是城市传播的重要目标与核心工作，随着新媒介技术的迅速兴起和蓬勃发展，视频逐步成为城市形象塑造的常见形式，视频通过对不同城市符号的组合以及具体形象的视听语言表达，来塑造立体化的城市形象①。每座城市都以其独特的符号，向人们传递不同文化、历史、风情，通过城市符号的传播，可以有效地建立起人们关于城市的直观印象。

社交媒体方兴未艾、强势发展，短视频这一新传播形式的出现促成了用户偏好的视觉化转向，媒介生态被重构，从"文字时代"跨入了"读图时代""视频时代"。近年来，社交媒体已成为国际性网络社交平台，集聚着构建不同国家、不同城市形象的海量素材，YouTube 是全球最大的视频社交媒体平台之一，与文本相比，影像具有高度的"生动化和戏剧化"功能，其在记录与再现、议程设置、形象塑造、说服认同以及激发受众情感诉求方面，拥有其他传播手段无可比拟的巨大威力，影像符号包含了更多的环境信息，使信息更能直观、通俗地传达，降低传受双方沟通的难度，提高传播的有效性，已经成为对外传播与交流的重要方式。在 YouTube 等视频类国

① 刘超，熊开容，张裕譞，等. 宣传片镜头下的城市符号建构与形象塑造：基于广州 2013—2020 年 101 部城市形象片的内容分析[J]. 城市观察，2022(06)：112-127＋163.

际社交媒体中传播上海城市形象的主体不仅包括国家级媒体，还包括在华旅游或居住的“洋网红”。探究国际视频类社交媒体中涉沪视频的关注度（如文化遗产、体育赛事、名胜古迹、自然资源等上海城市文化符号）、情感态度和视频的传播效果，挖掘出有巨大吸引力和传播力，能快速集聚人气并且提高城市认知度的上海城市文化符号，在此基础上，探究讲好上海故事、提升上海国际形象的路径和策略。

本研究通过 Google 搜索引擎搜索关键词“Shanghai site: YouTube.com”，设定检索自定义范围为 2021 年 1 月 1 日至 2021 年 12 月 31 日，从搜索结果中随机抽样（purposive sampling）370 条 YouTube 视频数据作为研究对象，并采用八爪鱼抓取工具进行采集，采集到 370 条视频中的相关评论 18 868 条，经过编码及情感分析，发现 YouTube 上上海的信息涉及的主要方面包括文化艺术（包括文学、美术、音乐、戏剧、舞蹈、电影、建筑等）、旅游（旅游目的地点、旅行过程、旅行经历、旅游介绍、旅游组织）、体育、科技创新、美食（烹饪、食物、饮品、饮食过程、饮食场所、饮食文化）等主要议题，信息的主要倾向以客观为主，正面信息多于负面信息。

一、YouTube 中的上海城市符号

在数字时代之下的视觉化转向，公众的城市实践以影像的形式活跃在社交媒体平台中，公众的集体参与使得城市影像拥有了日常向度，给予了人们与城市平视、对话的可能，能够让人们充分地感受城市，并将这些真实的感受转化为影像实践，通过影像展现出更多的城市符号。城市符号是近年关于城市形象研究较新的领域。城市符号是指将城市设计者的主观目的、设计对象的表现以及认知对象的主观感受相结合的统一体，是城市的自然环境、历史人文和经济条件的外在表现。广义的城市符号囊括城市所有二维和三维物象符号：狭义的城市符号包括城市标志、城市视觉标识、城市色彩、城市空间环境等具体的符号形象。而城市视觉识别符号系统，就是通过符号化的文字、图形、色彩等视觉元素，展现城市形象，传递一座城市独特的文化和精神①。

符号是约定俗成的指代，如字母、数字，或者作为某种抽象概念的象征载体。“符号”一词最早源于希腊语动词 symbállein，意为把两件事并置一起相比较。索绪尔将符号定义为影像和概念的结合，提出了“能指”与“所指”的概念，认为其物质

① 孙湘明，成宝平.城市符号的视觉语义探析[J].中南大学学报（社会科学版），2009，15(06)：795-800.

的存在是客观的、具体的，即“所指”，而“能指”则有一定的随意性[①]。皮尔斯等将符号分为符号形体、符号对象和符号解释的三元关系。虽然上述学者对符号的定义各不相同，但是都强调了其中介和连接的重要作用[②]。

城市符号是物化的媒介和载体，在人们的共有观念规约下，传递城市文化信息的特殊内涵。YouTube 当中所呈现的符号丰富多样，YouTube 视频上海城市符号包括社会、经济、科学、文化、地理、气候等多因素，从 YouTube 中采样视频简介和影像来看，上海城市符号主要集中在上海城市建筑、自然景观、人文景观、交通、饮食等(见表 2-5)，YouTube 展示出来的影像是深入上海城市脉络的市井生活，更加关注上海城市的人文情怀，以及上海经济发展成果的展现。

表 2-5　YouTube 视频中的上海城市符号

序号	类别	维度	主要城市符号
1	城市景观	历史景观	外滩、豫园、田子坊、静安寺、朱家角、七宝、新场古镇等
		现代景观	陆家嘴、现代高楼、迪士尼、外滩灯光、南京路、洋山港等
		具体建筑	上海中心大厦、新天地、东方明珠等
2	交通设施		地铁、高铁、的士、磁悬浮列车等
3	娱乐生活	本地餐饮	小笼包、生煎包、汤面、汤包、蟹黄面、街头小吃等
		国际餐饮	韩餐、日料、西餐、星巴克、米其林餐厅、酒吧等

从 YouTube 视频影像中可以发现，城市景观是 YouTube 视频影像中出现最多的城市符号，意味着城市的物理环境是游客自我感知和对外建构上海形象的主要维度。上海在高速发展下的现代城市建设和历史遗留下来的殖民风格建筑和街道这一批珍贵且美观的建筑产物构成了城市符号的一部分，让上海呈现出新旧交

---

① Ferdinand de Saussure. Course in General Linguistics[M]. Perry Meisel and Haun Saussy(trans.), Wade Baskin(eds.), New York:Columbia University Press, 2011:58.

② Charles Sanders Peirce. Collected Papers of Charles Sanders Peirce[M]. Charles Hartshorne and Paul Weiss(eds.), Cambridge:The Belknap Press of Harvard University Press, 1974:126.

融的海派气质。现代景观更是反映出上海国际化大都市的特征，黄浦江两岸、外滩的壮观景色是上海城市形象的重点感知区域，陆家嘴 CBD 和外滩殖民建筑群的都市景观是频率较高的视觉符号，外滩美轮美奂的风光是专属于上海的视觉符号，给上海的视觉传播带来了记忆点优势，令人愉悦的都市景观是城市传播最主要的视觉元素，能够增强民众对城市的满足感和认同感。古典主义和现代主义并存的建筑群景观是游客认知上海都市文化的标志性地标，也是人们用以想象未来城市的重要感知符号。

交通作为一种技术手段提升人们的出行效率，将人与城市连接起来，全球一致把完善的综合交通物流体系视为大都市的标准配置，是营造具有全球吸引力环境的必要条件。在 YouTube 视频影像中，主要的上海交通视觉符号是地铁、高铁、磁悬浮列车等，以快速、便捷等为特点的城市视觉符号深化了上海的现代感，给游客带来新奇感或满足感的交通体验。舒适便捷的出行环境、健全完善的基础设施是成为全球城市的必要前提，只有具备这点，才能有效地满足游客的交通需求，为外来者提供便利。从 YouTube 视频影像游客对上海出行方式的评价来看，上海具备了成为国际中心城市的重要条件之一，便捷的交通系统以低廉的费用给游客带来出行便利，提升了游客体验的满意度和舒适感。

城市形象是新媒体传播的主要内容，也由标志性的城市景观转变为以传播美食、街拍、娱乐休闲等为核心的城市生活，饮食文化渗透城市空间之中。在 YouTube 视频影像中，餐馆、电影院、酒吧、商场、当地活动等成为重要的城市符号，呈现出在上海拥有多样的美食选择，不仅有当地特色饮食，还有许多来自世界各地的国际性饮食，包括韩餐、日料、西餐等，还有顶级的米其林餐厅可供选择。上海也拥有了许多云集国际品牌和娱乐设施的综合性百货公司，但在博主的影像中并不突出，不论是国内品牌还是国际品牌都极少出现。

社交视频媒体重构了上海城市形象的崭新内涵，呈现出上海城市“情境漫游”，更关注上海城市空间中的任何一个“会说话”的物质性的存在，譬如空间景观（地标建筑）、城市之光、大屏幕、霓虹灯、轻轨、地铁、共享电车/单车等包括人的移动、信息的流通、意义的共享等各类城市传播实践，注重人与媒介城市的数字交往及其感官体验，更好地实现了城市数字场景重构。

二、YouTube 涉沪视频关注议题

在所有样本中，文化艺术、旅游、体育、政治、科技创新和经济是国际网络媒体中最为关注的上海议题。涉及或反映上海文化艺术的信息最多，占总体的17.8%。

其他依次是:旅游和体育，分别占 13.2%和 12.6%;科技创新类占 9.3%;经济类占 8.2%;政治类信息占 6.7%;社会类占 6%;国际交往类占 5.2%;交通类占 5%。其余题材未超过 5 个百分点,美食和教育均各占 4.5%;环境问题占 4%;自然景观占 2.3%;军事占 1.7%;无法归类的占 1.8%。

文化艺术与时尚类高居上海城市形象构成元素的首要类别。与上海相关的文化艺术类的信息数量最多,这与上海国际文化大都市的定位相符,而且文化艺术能更好地以视频的形式呈现。文化艺术类视频主要涉及演出、活动和展览及时装秀;关于传统文化的信息有:传统的节日习俗、国际文化艺术交流等;关于文化古迹的描述,如豫园、石库门、广富林等的相关信息;以及关于文化人物的相关信息。活动演出和展览的相关信息最多,共有 59 条,占 58.4%,其中与上海时装秀(Shanghai Fashion Week)相关的信息占有较大比例;与传统文化相关的信息有 14 条,占 13.9%;值得注意的是,有关历史古迹的信息仅有 13 条,占 12.9%;文化人物的有 8 条,占 7.9%;还有其余文化艺术类的相关信息 7 条,占 6.9%。美食类文化视频最受欢迎,美食类议题主要关注上海的各种美食与小吃,如上海烧卖、红烧肉、糖醋排骨和虾仁,以及上海的各类西餐、咖啡,体现出上海东西交融的国际化城市特点。

旅游和体育赛事类是关乎上海城市形象的重要元素。旅游和体育类相关信息占总体的 13.7%,仅次于文化艺术类高居第二位,主要为外国人在上海的游记,以及对于上海最宜参观的景点相关介绍。关键词有“Visit the beautiful Shanghai Metro Station”“Wuyi Road Shanghai Walk Tour”“Touring One of the Most Well-known Hotel”等,以正面肯定为主,还有提到“五一”和“十一”黄金周(golden week)期间上海的旅游情况的信息,如“China’s ‘golden week’ draws tourist crowds to Shanghai’s iconic bund”,其中,外滩、南京路、淮海中路、上海迪士尼乐园、天文馆等成重要展示画面。YouTube 中有不少视频关注百姓生活,或是外国旅游者在上海的生活体验,呈现体验过程中的上海美食、住行等。国际体育赛事在视频中占有较大比例,特别是各类国际比赛和相关赛事的球星,其中网球和足球是关注领域。

经济与科技创新类在 YouTube 视频类中占有比较大的数量。经过 10 年布局建设,上海在用和在建的国家重大科技基础设施达到 14 个,覆盖光子、生命科学、海洋、能源等领域,设施数量和投资金额均居全国各省区市首位,上海跻身全球最佳科技集群前列,在科技创新领域 YouTube 视频中关注主要集中在汽车(车展)、造船、医疗、智能制造等。

三、YouTube 涉沪视频情感态度

在 370 条信息中，评论中性信息有 21 条，占 5.68%，正向信息 271 条，占 73.2%，占绝大多数；负面信息有 33 条，占 8.92%，无评论或关闭评论的信息有 45 条。在有倾向性的信息中，正面信息主要集中在与旅游、时尚、体育、文化艺术和科技创新方面相关的内容。旅游和文化艺术相关的正面信息分别有 57 条和 43 条，占 15.4%和 11.62%；体育相关的正面信息有 34 条，占 9.19%。其余正面倾向的议题占总体的比例较少，为美食、景观、军事、社会和政治等相关信息。科技创新类议题正面倾向明显，相关的正面信息占该类样本总体的 61.4%。其余正面倾向的议题中，美食类议题和自然景观类的正面倾向最为突出。美食相关的正面信息有 8 条，占该样本总体的 80%；景观类相关的正面信息有 7 条，占该类样本总体的 50%。负面信息主要集中在政治、环境问题、社会和交通方面。与政治和环境问题相关的信息占负面信息的大部分，分别占 32.8%和 30.1%；社会方面的有 14 条，占 19.1%；交通方面的占 8.2%。其余负面倾向的议题所占比例较少，为经济、军事类议题。其中，环境问题负面倾向最为突出，有负面倾向的比例达 91.6%。政治方面负面倾向较明显，占样本信息中负面倾向的 50%。

四、YouTube 涉沪视频传播效果

在抽样的数据中，涉沪视频最受关注的发布者是 7clouds，发布了“CRÈME, Silent Child-Shanghai”音乐，属于娱乐类；其次是 UFC-Ultimate Fighting Championship，其发布主题为“Inside the UFC Academy Combine in Shanghai”，属于体育赛事类。前 5 位订阅人数最多的涉沪视频发布者如表 2-6，从表中的订阅人数来看，他们是属于涉沪视频影响力较高的几位，基本上属于文化、体育、娱乐类。

表 2-6　前 5 位订阅人数最多的涉沪视频账号

序号	发布者	所属类别	订阅人数
1	7clouds	音乐	17000000
2	UFC-Ultimate Fighting Championship	体育	14300000
3	Miraculous Ladybug	动漫	7400000

（续表）

序号	发布者	所属类别	订阅人数
4	WION	新闻	6890000
5	Chef Ranveer Brar	美食	5400000

样本中发布涉沪视频最多的发布者如表2-7。从发布者来看，YouTube上涉沪视频发布者主要是国内专业媒体和个人博主，从涉沪视频的观看次数来说国外发布者观看次数最多，其次是上海媒体与国内博主，也包含一些在国内居住的国外博主。

表 2-7　前 10 位涉沪视频账号

序号	发布者	性质	订阅人数	发布数量
1	CGTN	中央媒体—综合新闻	2930000	22
2	阿为逛世界 Wei's Travel	个人博主	100000	15
3	ShanghaiEye 魔都眼	上海媒体—上海宣传	17000	12
4	Miraculous Ladybug	国外媒体—动漫公司	7400000	9
5	South China Morning Post	香港媒体—综合新闻	2970000	8
6	Overwatch League	国内媒体—电竞联盟	945000	8
7	Walk East ｜ Max ｜ 无国内频道	个人博主(中文)	147000	5
8	New China TV	外国记者	1310000	4
9	Thomas 阿福	外国博主(中文)	655000	4
10	SMG 尚世五岸梦想剧场	上海媒体	706000	4

从涉沪视频传播效果(表2-8)来看，Miraculous Ladybug发布的涉沪视频观看人数及点赞人数最多，但其关闭了评论功能；其次为South China Morning Post，作为与CGTN同为新闻类媒体，从观看人数及评论人数来看CGTN的传播远不及South China Morning Post。作为居住上海的洋网红Thomas阿福(中文)的观看次数及评论次数都较高，区别于传统城市形象主要由政府主导的传播路径，网红城市利用互联网和社交媒体，打造一系列文化特色符号，再通过受众参与式解码，不断扩大城市的影响力。

表 2-8　前 10 位涉沪账号浏览信息

序号	发布者	观看次数	点赞	评论数
1	CGTN	290423	5745	894
2	阿为逛世界 Wei's Travel	738583	10671	2160
3	ShanghaiEye 魔都眼	382007	11587	2429
4	Miraculous Ladybug	50258680	527000	评论关闭
5	South China Morning Post	2922780	55447	8659
6	Overwatch League	821847	12725	1263
7	Walk East｜Max｜无国内频道(中文)	522502	12103	2248
8	New China TV	125535	1973	312
9	Thomas 阿福(中文)	1231098	29179	3800
10	SMG 尚世五岸梦想剧场	955849	3031	287

第四节　国际媒体中的上海城市形象的海外认知与认同

上海作为中国最大的经济中心和国际化大都市，从不同类型的国际媒体来看，国际媒体中的上海城市形象的海外认知与认同是多维度和多层面的，通常从经济、文化、历史遗产、社会治理等多个角度报道上海。

一、国际主流媒体中的上海城市形象认知与认同

(一)聚焦上海开放型世界经济

上海作为中国的经济中心和商业枢纽，其快速发展的金融业、繁荣的商业和显著的 GDP 增长，外滩、陆家嘴金融贸易区以及张江高科技园区的现代化建筑和发展成为海外媒体报道的焦点，展现了上海在全球经济格局中的重要位置，在国际媒体中上海常被称赞为全球金融和商业的重要中心，被视为中国崛起的代表。

2021 年，上海浦东持续建设改革开放新高地。时任上海市委书记李强在“中国浦东高水平改革开放和建设开放型世界经济”分论坛致辞时指出，我们正在不断深化更宽领域、更深层次、更高水平的对外开放，在开放的时代大潮中勇立潮头。自贸区经济蓬勃发展引起了外媒广泛关注。日本共同通讯社、韩国《亚洲经济》、美国 NewsRx 等媒体关注自贸区发展。聚焦自贸区全球运营计划 GOP、放宽离岸交

易监管等，临港自贸区建设具有世界影响力的“东方半导体港”，虹桥 CBD 建设全球一流商业中心等。

上海营商环境也是外媒聚焦的重点。特斯拉、宁德时代、临港受到路透社、《南华早报》、雅虎新闻等国际主流媒体持续关注。《南华早报》援引上海市常务副市长陈寅说：“高质量发展的新空间、新动力和新模式将是该区（临港自贸区）的关键因素。”浦东机场迅猛发展，《卡塔尔论坛报》、英国《国际铁路杂志》等关注了浦东国际机场的数字化转型，认为其将引领中国智能机场建设，助力长三角一体化发展。

（二）科创、金融和航运中心受关注

上海市十五届人大五次会议上，市长龚正指出，上海“五个中心”建设实现重大目标，国际经济、金融、贸易、航运中心基本建成，国际科创中心形成基本框架。上海在上述五个领域的动态受到国际媒体的持续关注，其中，科创、金融和航运尤其吸引外媒目光。

上海加快新能源车制造业发展。路透社、《纽约时报》《每日邮报》、俄罗斯 Regnum 通讯社、美国电子新闻社等关注特斯拉、宁德时代、上汽、蔚来等新能源车产业，称中国正在成为全球汽车市场的重要参与者。

持续优化经济金融政策。路透社认为上海控制保证性住房租金涨幅能更好解决年轻人住房，促进社会公平，但是《南华早报》对此举措有效性提出质疑。彭博社报道上海启动“全域无隐性债务”试点工作。

上海重视科创版、区块链发展。美通社、Forkast、韩国《亚洲经济》等媒体关注科创板，称其为“上海版纳斯达克”，有助于降低对美国资本市场的依赖度。同时关注上海国际区块链周，以及新加坡区块链公司 Conflux 在上海自贸区试点离岸人民币等。

上海加快建设世界航运中心。《英国海贸海事新闻》《卡塔尔先驱报》、韩国《航运新闻》、ONEWS、阿根廷的《西班牙海运新闻》、墨西哥《西方人报》等关注上海建设世界最高水平的国际物流中心，在长江三角洲建设最尖端港口和机场集群。

（三）上海国际文化大都市建设受瞩目

上海作为一个移民城市，其多元文化的氛围和国际化的生活方式也受到了广泛关注，从海派文化的独特魅力到各种国际艺术展览、时尚活动，这些都反映了上海在文化传承与创新方面的努力。2021 年上海市人民政府编制了《上海市社会主义国际文化大都市建设“十四五”规划》，深化上海文化发展改革，全力打响“上海文化”品牌，加快建设具有世界影响力的社会主义国际文化大都市。上海的多元文化

以及历史与现代的融合，通过国际媒体的报道，成为海外受众了解中国文化多样性和开放性的重要窗口。

上海艺术氛围浓厚，时装周、旅游节、电影展等活动密集。上海通过国际电影节、世博会等大型活动，以及积极的国际交流与合作，塑造了强有力的城市品牌，增强了其在海外的知名度和吸引力。德意志新闻社、CNN、法国《世界报》等关注了浦东美术馆、埃尔热展览、上海旅游节、上海电影展等活动。

BBC、《南华早报》《纽约时报》、CNBC、路透社、俄罗斯 Regnum 通讯社等国际主流媒体关注了上海电竞发展、上海茶馆文化、百乐门舞厅、上海旅游节等。

上海的文化与历史底蕴也受到了国际媒体的关注，国际媒体常常关注上海独特的文化景观，如历史街区、当代艺术场所和文化活动。这些报道让人们感受到上海深厚的文化底蕴和多元化的文化氛围，增进了人们对上海这座城市的认知和理解。

（四）上海城市发展和生活受关注

上海作为一个现代化大都市，上海的城市发展和现代化建设，高楼大厦、城市规划和滨江风光等为国际媒体所关注，展示了上海作为一个现代化大都市的一面，让人们对上海的城市景观产生了浓厚的兴趣和好奇。上海的生活方式与社会问题也备受国际媒体的关注。国际媒体常常报道上海的生活品质、城市交通、环境保护等方面的情况，以及当地的社会问题和挑战。这些报道既展示了上海作为一个宜居城市的一面，又让人们对这座城市的发展和未来充满了期待和关注。

国际媒体对上海的报道呈现出了一个现代化、繁荣、多元化的城市形象。这些报道不仅让人们更加深入地了解了上海这座城市，也为世界各地的人们打开了一扇了解中国的窗口。上海，作为一个具有活力和魅力的城市，将继续吸引着世界各地的目光，展现出自己独特的魅力。

二、国际社交媒体中的上海城市形象认知与认同

Twitter 是主要的国际社交媒体，从 Twitter 涉沪信息的高频词分布来看，上海城市形象的呈现涉及经济、商务、娱乐时尚、文化体育及交流等多个方面，从共现词来看上海与东京、巴黎、香港、纽约等城市同现多次，说明上海所呈现的城市形象具有显著的国际性和开放性。上海城市形象在社交媒体的呈现离不开其作为中国的国家性城市和中心城市之一的大背景，并与国家形象的构建紧密相连，被认为是上海作为中国国家形象的主要代表。

在经济及商务领域，股票和上证指数成为国际社交媒体用户最关注的话题之一，香港《南华早报》@ SCMPNews 于 2022 年 1 月 22 日发表推文称："随着中国公司回国应对美国退市威胁，上海证券交易所成为全球第一大 IPO 市场。" 埃隆·马斯克（Elon Musk）的推特"上海特斯拉 Giga 工厂的团队完成了出色的工作"获得近 1 万点赞。而 2021 中国时尚盛典、卡西欧上海之夜、蒂芙尼 2021 节日之树、"这就是街舞 4"引发网友热议和粉丝追捧，重新定义了上海的科技感和时尚感。作为文化娱乐的代表，上海迪士尼、上海特斯拉 Giga 工厂、上海乐高乐园或将成为网友打卡新地标。

上海外滩夜景、上海南浦大桥、弄堂、老洋房、"深坑酒店"水下套房等标识频现。这些上海城市地标作为热门打卡景点常引发热烈讨论，形成二次传播。外国博主们上海美食的帖子同时还涉及了七宝古镇、外滩集市、城隍庙以及龙之梦、环球港、来福士广场等商圈地点。动漫、明星路演是年轻网友热议话题，上海成为二次元文化圣地和流行文化集中地。

在 Twitter 上，从情感来看，以中性情感为主，其次是正面情感。上海情感分布中正向较高的主要分布为西亚、南部非洲及东亚，说明以上地区对上海形象比较认可。负向的主要国家有巴西、尼日尔、乍得、吉尔吉斯斯坦、澳大利亚、白俄罗斯等一些零散国家，分布较为分散，数量也较少。总体上来说，国际社交媒体对上海的城市形象认可度较高。

三、YouTube 视频中的上海城市形象认知与认同

从 YouTube 抽样数据来看，YouTube 中的上海视频呈现特征在一定程度上反映出上海的城市形象在国际上的传播和认知现状。从涉沪视频展现主题来看，文化艺术与时尚类高居上海城市形象构成元素的首要类别，旅游和体育赛事类也是关乎上海城市形象的重要元素，科技创新类在 YouTube 视频类中占有比较大的数量。

YouTube 涉沪视频更是展示了上海的城市符号和元素，呈现了上海重要标志性建筑，如上海影城、地铁、南京路、外滩夜景、浦东、浦江两岸等热门图像，也呈现了上海国际化大都市的艺术时尚的多种元素，特别是时装秀及各种艺术展，旅游及体育赛事也是占有较大比例。美食类议题主要关注上海的各种美食与小吃，如上海烧卖、红烧肉、糖醋排骨和虾仁，以及上海的各类西餐、咖啡，体现出上海东西交融的国际化城市特点，由此可以看出，海外社交媒体中用户更加喜爱与上海美食有关的视频。

从视频的评论来看，YouTube 用户正面评价占大部分，特别是展示上海标志城市符号和元素时更是发出赞美之声，比较认可上海的“国际化城市”“文化大都市”“金融中心”“科创中心”“魅力之城”形象。

四、国际媒体中的上海城市元素

20 世纪 60 年代，美国著名城市规划专家凯文·林奇（Kevin Lynch）在《城市意象》（*The Image of the City*）一书中，用感知环境的方法研究城市景观，影响极大[①]。凯文·林奇认为道路（path）、边界（edge）、区域（district）、节点（node）、标志物（landmark）是构成城市意象的五大元素，各元素与时间过程、移动元素（人类及其活动）共同构成一个城市的“可读性”和“可意象性”。城市环境对于人类主观感受有着巨大影响力，城市环境为人们创造一种特征记忆，城市形体的各种标志是供人们识别城市的符号，人们通过对这些符号的观察而形成感觉，从而逐步认识城市本质。

媒介是重要的传播者和建构者，如今，媒介日益丰富、短视频平台不断发展，网民有了更自由便捷的表达方式。网民将适合自拍的城市景观或者美食分享到社交平台，媒介正在塑造城市的个性表达，城市形象在社交媒体上的呈现，形塑着城市空间，社交媒体不仅改变了我们认知一座城市的平台，也改变了我们头脑里城市形象。通过社交媒体对城市环境五大元素——道路，边界，区域，节点，标志物——的分析有助于人们对上海城市形象的认知。

上海是我国的直辖市之一，长江三角洲世界级城市群的核心城市，国际经济、金融、贸易、航运、科技创新中心和文化大都市，国家历史文化名城，并将建设成为卓越的全球城市、具有世界影响力的社会主义现代化国际大都市。在国际媒体中“文化大都市”“科创中心”“航运中心”“贸易中心”等成为上海城市重要标签。上海城市文化不仅体现在其建筑、舞台、音乐、饮食等海派文化上，以新城区建设、陆家嘴金融中心、洋山港无人码头等成为上海城市新地标。上海作为我国重要的经济中心城市，人口众多，自 20 世纪 90 年代以来，上海一直坚持公交优先战略，形成城际线、市区线、局域线等 3 个层次的轨道交通网络。

上海作为中国经济中心的地位和其持续的创新力，外滩、陆家嘴金融贸易区以及张江高科技园区的现代化建筑和发展成为海外媒体报道的焦点，展现了上海在全球经济格局中的重要位置。其多元文化的氛围和国际化的生活方式也受到了广

---

① [美]凯文·林奇.城市意象[M].万益萍，何晓军，译.北京：华夏出版社，2001：35-64.

泛关注，从海派文化的独特魅力到各种国际艺术展览、时尚活动，这些都反映了上海在文化传承与创新方面的努力。东方明珠电视塔、上海中心大厦、陆家嘴金融区等，这些建筑不仅是上海的标志性符号，也代表了上海作为国际大都市的现代化形象，黄浦江两岸的美景、繁华的商业街区以及高端的生活方式，这些元素共同构成了上海作为一座现代化大都市的独特形象。近年来，上海在社会公共服务、环境保护以及智慧城市等方面的成就也引起了国际媒体的注意，这些进步展示了上海在追求可持续发展和提升居民生活质量上的不懈努力。上海作为中国的对外窗口之一，积极参与国际交流与合作项目，这体现在经贸、科技、教育等多个领域，为上海赢得了广泛的国际声誉和影响力。

第五节　本章小结

传统媒体在城市形象传播中依然发挥着重要的作用，全媒体传播语境下，城市形象的传播主体不再拘泥于传统媒体，社交媒体给城市形象传播带来颠覆性的变革，用户不仅能获取媒介传播的信息，也成为内容生产者和传播者。社交媒体为城市形象传播拓宽了渠道，从大众化、底层化、影像化的视角，给城市形象传播提供了新的思路。随着社交视频媒体的崛起，通过短视频等平台进行城市形象的传播成为一种新趋势。

传统国际媒体对上海城市形象进行了全方位的构建，关注的议题涉及政治、经济、文化、社会的各个方面，国际社交媒体反映的更多是海外普通民众对国际城市的印象，以 Twitter 为例，话题以体育、文化、娱乐等为主，视频类社交媒体通过符号化的文字、图形、色彩等视觉元素展现上海城市形象，传递上海城市独特的文化和精神，展示出来的影像是深入上海城市脉络的市井生活，更加关注上海城市的人文情怀，以及上海经济发展成果的展现。

第三章　国际媒体中的全球城市图景对比研究

每座城市都有着自身的特色，对于全球性都市而言，在全球政治、经济等社会活动中处于重要地位并具有主导作用和辐射带动能力的大都市，其主要体现在城市发展水平、综合经济实力、辐射带动能力、对人才吸引力、信息交流能力、国际竞争力、科技创新能力、交通通达能力等各层面。城市形象的构建涉及城市的每个方面，媒体的报道也会有所不同，本章选取纽约、巴黎、伦敦、东京、新加坡等被 2018 年世界城市研究机构之一的 GaWC 评为世界十大一线城市作对比，通过与具有全球影响力的知名国际大都市从议题、报道量、情感等角度来对比，分析全球一线城市国际形象建构和软实力呈现的特点与区别，寻找出现阶段上海在形象传播过程中的成绩和不足，并通过对这几个样本城市的分析得出一些启示，以求对仍在努力走国际化道路的大都市的城市形象建设有一定的借鉴意义。

第一节　全球城市国际媒体关注度比较分析

如果说城市是全球化进程的流动枢纽，那么如何提高城市关注度已成为影响各大城市在全球化背景下获得各类要素资源的核心问题。在新媒体时代，城市形象传播早已突破了时间、空间的限制，以全面、即时、立体的形式直达受众，而城市的管理者们纷纷将城市国际形象建设的重心寄予适应新媒体时代的国际媒体，以提高城市国际关注度。

在 2017—2021 年相关城市新闻报道数量统计中（见图 3-1），主流媒体的数据源为 Factiva 道琼斯新闻数据库，囊括了全球 159 个国家和地区最有影响力的电讯和报刊所报道的全部信息，如 BBC、CNN 和《纽约时报》《南华早报》《泰晤士报》等 1 万余种报纸。全球媒体的数据源为融文公司（Meltwater）新闻媒体监测数据库，提供全球媒体实时数据抓取服务，实现全球舆情监测，融文公司所包含的媒体更广，监测全球超过 30 万个新闻源。在主流媒体 Factiva 数据统计方面，巴黎相关新闻报道数量达到 762 765 篇，排名第 1，其后排名依次为纽约、伦敦、新加坡、东京、上海。在全球媒体 Meltwater 数据方面，由于 Meltwater 媒体体量增大，总的媒体报道数据也增大了一个数量级，全球一线城市的排名与主流媒体的城市排名除巴黎的报道数量排名变化较大之外，其他城市的排名相似，纽约、伦敦这两个常年在各大城市排行榜处于首位的城市极具竞争力，跃升至第 1 位和第 2 位，巴黎则下滑至第 3 位，东京超越新加坡排名第 4 位，上海则依旧处于末位。上海与上述城市相比，两者的相关报道量差距分别为 8.4 倍、6.1 倍、5.7 倍、3.6 倍、2.2 倍。

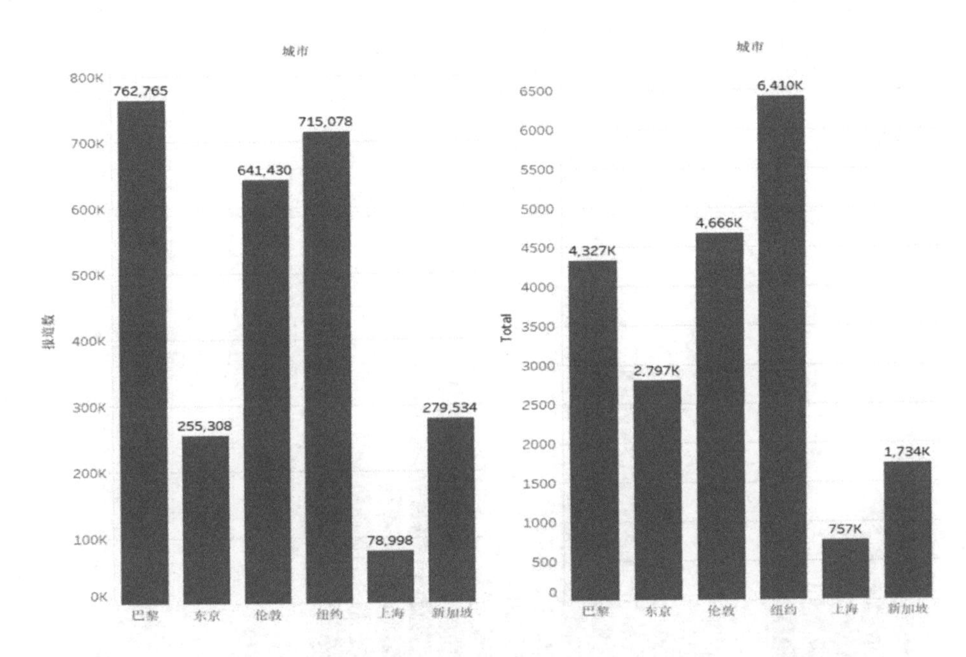

图 3-1　主流媒体(左)与全球媒体(右)对相关城市的新闻报道数量统计

以全球媒体 Meltwater 数据源为例，对全球一线城市近五年相关报道量进行逐年分析(表 3-1、图 3-2)，上海报道量逐年均在 15 万左右浮动，2017—2021 年分别为 15.6 万、16.5 万、15.4 万、14.3 万、13.9 万，总体变化不大。新加坡自 2019 年起相关报道量逐年上升，但涨幅不大，截至 2021 年仍不及 2018 年的峰值。而纽约在 2018 年相关报道量达到峰值之后，呈现逐年下降的趋势，但由于基数总量大，五年总量仍居六大城市之首。东京相关报道量逐年进步明显，尤其是成功举办了第 32 届夏季奥林匹克运动会，而成为全球媒体关注的焦点，2021 年相关报道量为 140 万余条，达到历年之最。巴黎与伦敦的历年变化趋势相近，自 2017 年起呈现逐年下降的趋势，但巴黎作为第 33 届夏季奥林匹克运动会的举办地，日本东京奥运会结束后，在全球新冠疫情形势依旧严峻的背景下，2021 年全球媒体新闻报道的数据亦反映出巴黎成为重点报道对象。

表 3-1　全球一线城市相关报道量

单位：万条

数量 城市	Meltwater 2021 年报道量	Meltwater 2020 年报道量	Meltwater 2019 年报道量	Meltwater 2018 年报道量	Meltwater 2017 年报道量	Meltwater 五年报道量
纽约	118	119	121	145	138	641
伦敦	71.2	69.6	90.7	98.1	137	466.6
巴黎	74.1	64.5	83.1	94.0	117	432.7
东京	140	48.1	34.1	30.9	26.6	279.7
新加坡	35.8	33.5	30.8	40.9	32.4	173.4
上海	13.9	14.3	15.4	16.5	15.6	75.7

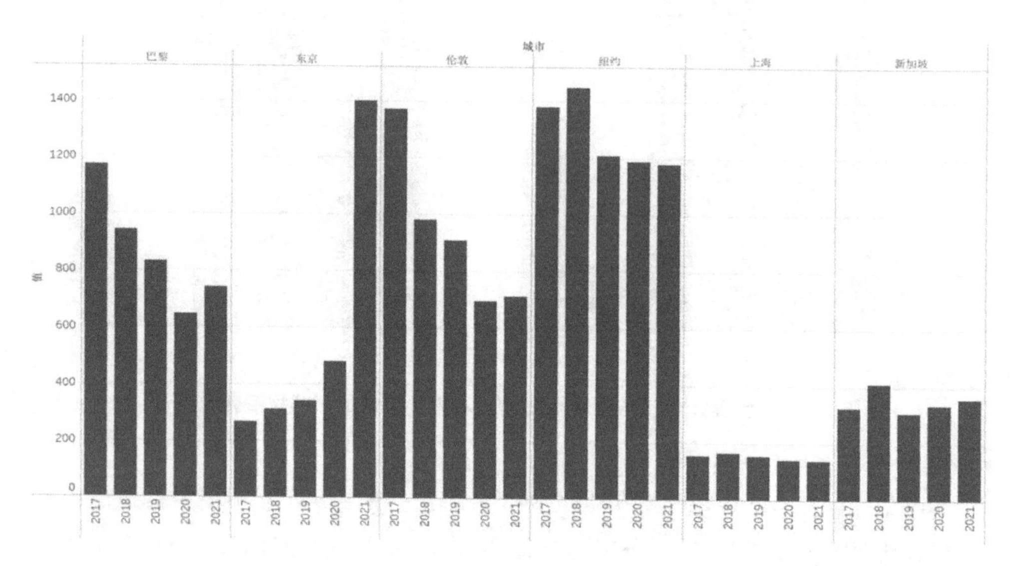

图 3-2　全球媒体 Meltwater 对相关城市的新闻报道数量 2017—2021 年数据统计

第二节　全球城市国际媒体关注议题比较分析

媒体对报道主题的选择体现了该媒体对城市某一话题的关注程度，媒体对报道内容和报道议题的选择不是偶然行为，媒体对议题报道的筛选反映了媒体对城市形象构建具有重要的倾向性，这其中包含了媒体的立场与态度，媒体通过对城市不同议题的报道向大众传递不同观点，从而影响受众对某城市的认知。

对国际主流媒体在2017—2021年期间涉及全球一线城市纽约、伦敦、巴黎、东京、新加坡、上海等的新闻报道进行统计分析（数据来源于Factiva道琼斯新闻数据库），经过机器自动编码，相关媒体报道总主题分布见图3-3。从宏观上看，金融和商业服务、体育、文化三大板块分别占据国际主流媒体报道目标城市主题的前3位，政治处于第4位，医疗卫生在新冠病毒的背景下亦成为媒体重点关注的领域，排行第5位。此外，上述全球一线城市十分注重城市国际形象推广，六大城市5年累计受到333 736篇有关国际形象推广的新闻报道，该数量甚至比起研究与创新、城市管理与方服务、生态环境以及教育等主题报道数量还要多。

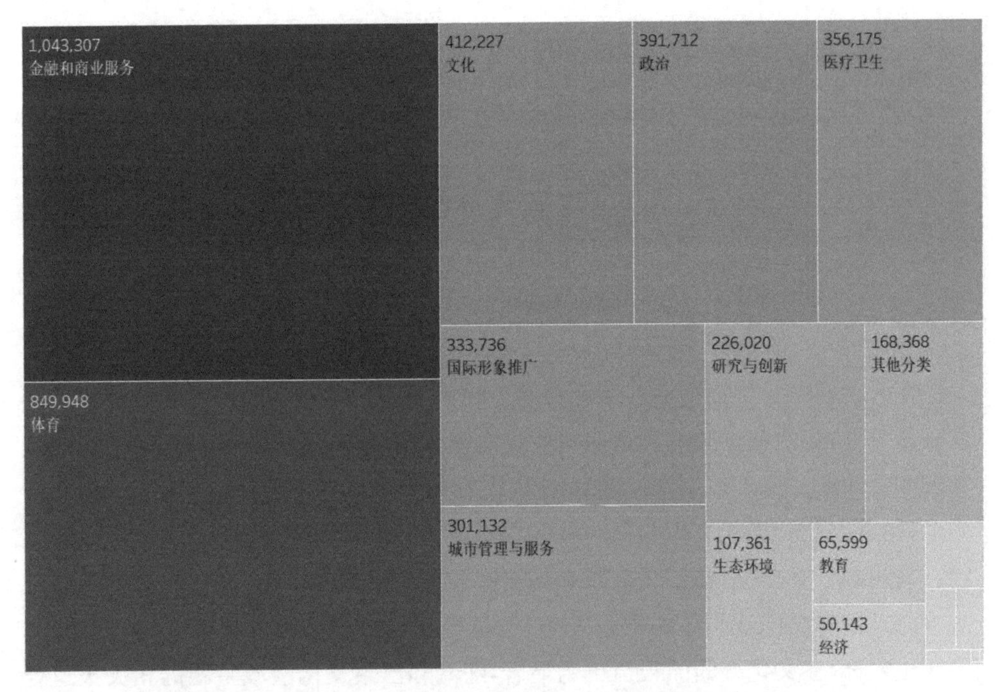

图3-3　2017—2021年全球一线城市国际主流媒体报道主题分布

而回顾上海2017—2021年被涉及的新闻报道主题（见图3-4），其相关报道主题分布与六大城市总主题分布存在一些差别。如，在5年涉沪报道主题分布中，政治超越了文化跃升至第3位，文化则下落至第8位。相较于其余5大城市，研究与创新、城市管理与服务两个主题受到国际媒体的格外重视，建成上海光源、蛋白质中心等一批世界级大科学设施，体细胞克隆猴、阿尔兹海默症治疗新药、10拍瓦激光放大输出等一批全球首创成果都诞生在上海。此外，上海不断提高城市管理能力，加大对新基建投入以促进政府数字化转型，朝着成为国际领先的“智慧城市”

“数字城市”目标迈进。

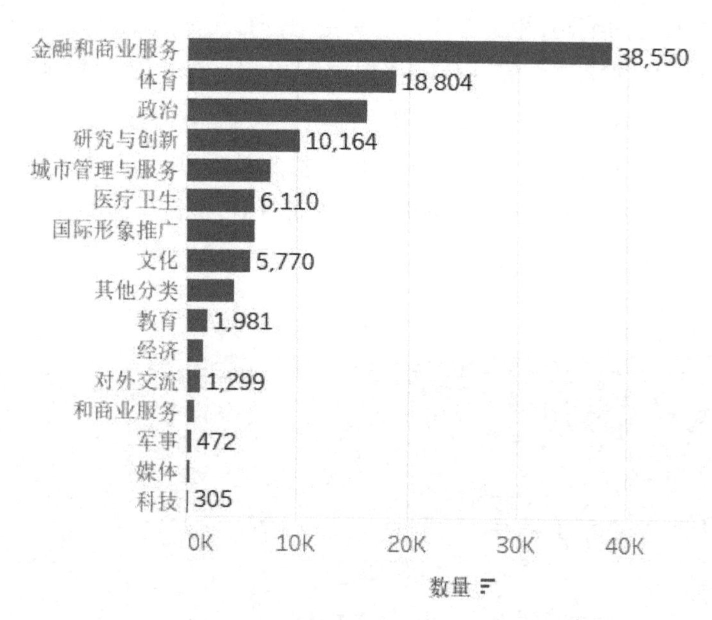

图 3-4　2017—2021 年国际主流媒体涉沪报道主题分布

在六大城市 5 年报道中各主题分布比较中(见图 3-5),不同城市的报道数量存在显著差异,纽约和伦敦的报道数量明显多于其他城市,这反映了它们的国际地位和媒体关注度。由于东京和巴黎分别是第 32 届和第 33 届夏季奥林匹克运动会举办地,因此,这 5 年中体育主题的新闻报道在上述两个城市的报道占比最高。纽约、伦敦和新加坡三个城市在金融和商业服务成为最热门主题,值得注意的是这也是上海被国际媒体最关注的主题之一,但也排在这六个城市的最后一位。巴黎作为文化之都,在文化方面的报道更为显著,纽约和巴黎文化领域主题的相关报道处于前 2 位,而在上海所有媒体报道主题中仅处于第八位。在这些媒体报道主题中,上海的对外交流媒体关注度比东京的高,体育赛事与研究与创新的媒体关注度比新加坡高,其他主题的媒体关注度都落后于另外几个城市。

国际媒体大量涉沪文体信息有助于提升上海的全球文化软实力,同时,上海作为中国文化软实力的传播窗口,将欧美近现代工业文明融入博大精深的中华民族文化并形成特有的“海派文化”,更有利于上海文化经过媒体宣传后被国外公众所接受。因此,上海在坚持现有的传播模式下,应该进一步提升上海文化软实力传播在城市软实力建设中的地位。

	Tokyo	Singapore	New York	London	Shanghai	Paris
城市管理与服务	15,282	27,386	107,121	40,903	7,600	102,840
对外交流	984	1,629	4,838	14,496	1,299	4,666
国际形象推广	23,865	20,916	147,419	52,639	6,506	87,864
交通	0	1,354	3,103	2,951	0	5,367
教育	2,307	5,802	9,090	15,212	1,981	31,207
金融和商业服务	70,315	222,133	272,137	337,286	39,357	102,886
经济	3,309	10,512	5,126	21,566	1,573	8,057
军事	0	2,101	6,618	0	472	3,166
体育	292,770	12,553	115,370	66,074	18,804	344,377
文化	16,978	5,845	200,897	29,885	5,770	152,852
研究与创新	31,982	6,019	12,323	153,060	10,469	12,472
医疗卫生	29,935	24,318	83,304	131,581	6,110	80,927
政治	22,030	22,752	131,953	63,561	16,308	135,108
生态环境	0	0	14,954	6,153	0	86,254
其他	8,839	4,074	53,778	16,871	4,354	80,452

图 3-5　六大城市 5 年国际媒体报道总主题分布比较

从 2017—2021 年国际主流媒体报道主题分布来看（表 3-2），国际主流媒体对国际性一线城市的关注度最高的主题依次为金融和商业服务、体育、文化、政治、医疗卫生、城市管理与服务、研究与创新等，分别占比 25.0669%、19.4703%、9.4431%、8.9732%、8.1591%、6.8982%、5.1846%。

表 3-2　2017—2021 年国际主流媒体对六大国际城市报道主题分布

序号	主题分类	报道数量(篇)	占比
1	金融和商业服务	1094257	25.0669%
2	体育	849948	19.4703%
3	文化	412227	9.4431%
4	政治	391712	8.9732%
5	医疗卫生	356175	8.1591%
6	国际形象推广	339209	7.7705%
7	城市管理与服务	301132	6.8982%
8	研究与创新	226325	5.1846%
9	其他分类	168368	3.8569%
10	生态环境	107361	2.4594%
11	教育	65599	1.5027%
12	对外交流	27912	0.6394%
13	交通	12775	0.2926%
14	军事	12357	0.2831%

第三节　全球城市国际媒体情感比较分析

Potter(2007)等人对 1993—2005 年期间发表在 16 个学术期刊上的大众媒体传播效果相关的文献进行分析，发现媒体传播效果研究理论最主要的类型为认知效果(cognitive effect)①。具体来说是指传播客体(信息接收者)在接受社交媒体传播主体(信息发送者)的信息后在思想认知上对智库形象的生成、改观和巩固。在国际媒体的全球一线城市情感分析中，以内容情感传达倾向作为认知效果量化测度的变量。

① Potter W J, Riddle K. A content analysis of the media effects literature[J]. Journalism & Mass Communication Quarterly, 2007, 84(1): 90-104.

情感分析具体量化指标为2021年六大全球一线城市被国际媒体提及的整体情感数据，情感分析结果由自Meltwater社交媒体监测中心的自然语言处理算法生成，情感分为4类：正向（positive）、负向（negative）、中立（neutral）和未评分（not rated），各城市的情感分析数据统计见表3-3。

表3-3　国际媒体中的全球一线城市情感分析（2021）　　单位：篇

城市	正向	负向	中立	未评分	情感倾向强度
上海	365685	156805	2177692	90891	0.074839
巴黎	4606367	4436436	25080591	914770	0.00485
东京	4795526	2585883	25028739	657363	0.066822
新加坡	708195	672424	4698871	193889	0.005702
纽约	124704943	66958090	496793230	9939789	0.082685
伦敦	3834918	3674429	19612394	575685	0.005794

各城市被提及的关联报道情感分析数据显示，中立情感占比最高，所有城市的中立报道占比均在70%以上。其次，未评分报道占比均在1%～3%。另外，纽约的正向报道占比达到17.86%，整体情感倾向强度亦大于0.08，正向报道占比和整体情感倾向强度均在六大城市中表现最佳，凸显纽约的城市形象在全球城市图景中脱颖而出。值得注意的是，尽管上海被统计的报道数量是最少的，但其整体情感倾向强度为0.0748，成为继纽约之后最受好评的城市。东京、伦敦、新加坡和巴黎的情感倾向强度分别位列第3到第6位。

第四节　与世界一线城市认知与认同比较分析

公众心目中的城市形象很大程度上来自传媒，而传媒自身的强大功能则极大地影响着城市形象。在“传媒转型”语境下，公众日益通过各式各样的传播渠道接触各种信息，因而公众对城市产业经济、建筑空间等物质要素和人文历史、社会面貌等非物质要素形成整体印象和评价，既反映了城市的过往与现状，也包含了对城市未来发展的期待。它既体现了公众对城市的认知图式，也是公众与城市之间长期以来形成的一种潜移默化的关系。

对于全球性城市而言，扩大城市软实力的国际影响，提高全球叙事能力，其终极目的就是塑造鲜明独特的具有全球识别度的城市形象。纵观全球顶级城市——

伦敦、纽约、巴黎及东京，无一不具有鲜明的城市形象特征，其城市形象之所以能够做到跨文化的深入人心，有一个共同基础，即形成了独特的城市形象全球识别系统。在媒体构建的形象中巴黎以浪漫、魅力、时尚之名闻名于世，甚至巴黎这个词本身就代表了美好城市生活的愿景。东京动漫业具有吸引全年龄水平的多样性和丰富性，同时动漫文化形式不断催生创新思维，在社会中形成了庞大而忠实的粉丝群。动漫业不仅通过带动文化节庆、文化旅游促进东京城市经济发展，同时也对城市公共空间发展产生重要影响。自 2002 年开始举办的东京国际动画博览会，已经成为全球规模最大的动画主题创意展览会之一，每年都有数百家国际顶尖的动画制作公司、游戏开发公司、电影电视公司参与该展会，展会吸引全球企业、资金与东京的动漫产业进行深度联动，从而进一步推动产业的发展和城市形象的塑造，在文化建设和发展中，以动漫业为城市主导文化产业，成为引导东京文化产业长期稳定发展的政策方向。而伦敦的世界级文化活动和文化交流机会领先于其他城市。纽约的经济实力、对思想和移民的开放、世界级文化资源是强有力的城市动力。纵观全球一线城市，无一不具有鲜明的城市形象特征，无论是创意伦敦、时尚巴黎还是动漫东京，其城市形象之所以能够形成全球性识别，做到跨文化的“深入人心”，都有着一个共同的基础，即鲜明独特的城市形象全球识别系统。

上海作为一座国际化城市也受到了国际媒体的高度关注，近些年来，上海不断求新求变，国际媒体对上海的形象也始终围绕这几个方面而展开构建。通过对国际主流媒体的研究发现，“上海经济”这一主题受到国外主流媒体的重点关注，上海“五个中心”形象已具有广泛影响力，尤其是国际金融中心、经济中心、贸易中心形象彰显，航运中心形象更添高科技色彩，科创中心形象正在崭露头角，除“经济”主题外，上海的文化形象在各主题中评价得分最高，上海成为“国际文化大都市”。未来在国际传播能力建设中，应加大对科创中心、航运中心的相关报道，将“五个中心”建设与国家发展战略联系起来，在国际舆论场中进一步放大上海更深层次改革、更高水平开放的坚定决心，传播上海作为改革开放排头兵的角色。“四大品牌”已成为上海的城市名片，“上海服务”“上海制造”“上海购物”“上海文化”齐头并进，给国际社会留下了深刻印象。要进一步加强对国际赛事、重大国际会议和展会、节日等活动的报道，形成全球性“媒介事件”，进一步提升城市的吸引力和亲和力。

城市认同感，是指作为常住城市的一员，市民对这座城市的归属感、自豪感，徐剑教授课题团队于 2020 年在上海全市范围内针对留学生群体、浦东机场游客、长期居住上海的外国人等对象进行了为期一个月的抽样调查①。大多数外国人在来上海之前都认为,上海是一所独具魅力的东方现代化国际都市,并且在实际接触上海后,仍然保留这一好印象。超过 95%的受访者认为上海和自己的期待符合,61.24%的受访者认为上海给了自己超出期待的惊喜,比想象中更优秀。97.02%的受访者接受"上海是一个国际文化大都市"的观点,调查样本中,1.97%以上的外籍游客和居民认为上海是一所公认的"国际文化大都市"。将上海的城市表现和纽约、伦敦、巴黎、东京、新加坡和香港等其他国际文化都市相比,总体而言,差距较大(图 3-6)。

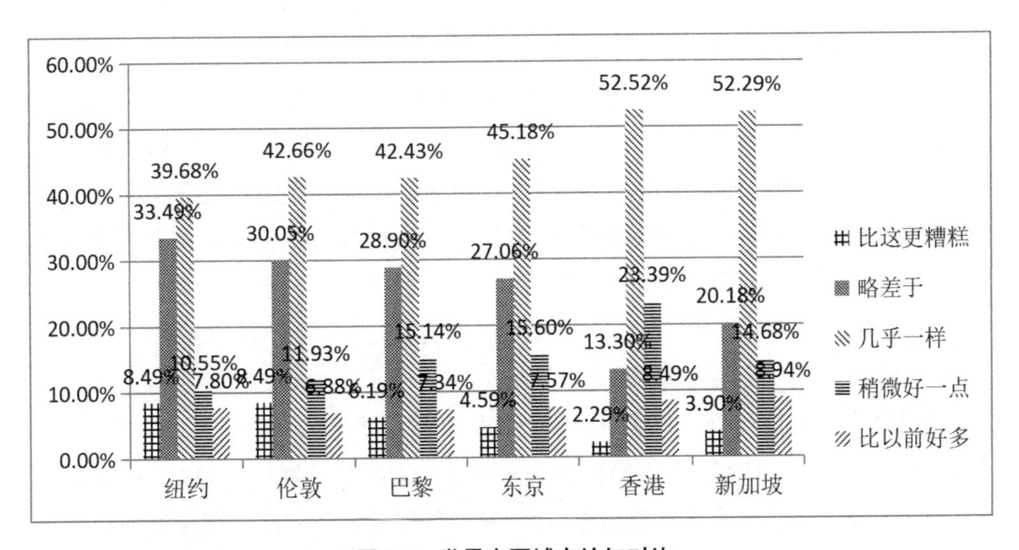

图 3-6　世界主要城市认知对比

(来源:上海交通大学徐剑教授团队《外国人眼中的上海国际文化大都市形象研究报告》)

长期以来,上海的城市文化内涵未能得到充分显现,其全球影响力和标识度都有待大力提升。对标纽约的版权产业、伦敦的创意产业、巴黎的时尚产业、东京的动漫产业,上海目前还没有形成一个具有全球识别特征的文化产业。与纽约百老汇、伦敦西区、巴黎香榭丽舍大道等文化功能区域相比,上海现阶段缺少功能性超级地标文化街区。

① 外国人眼中的上海国际文化大都市形象调查[EB/OL].[2022-10-25]. https://www.thepaper.cn/newsDetail_forward_10249235.

第五节　全球城市国际形象指标对比分析

城市形象是公众对于城市的认知图示，也是公众与城市之间长期以来形成的一种潜移默化的关系，更是城市软实力的重要组成部分与展示窗口，“软实力”是一种影响力、吸引力，如果城市是全球化发展的中心，那么软实力的评估已成为城市在全球竞争排名的关键要素，也反映出一个城市的形象。

实际上，全球城市网络与其说是竞争，不如说是在全球化经济的背景下，承担着不同的角色分工。有的城市是金融中心，有的城市是制造业中心，有的城市是信息科技中心，这些角色的定位对于城市软实力的评估至关重要。进入深度全球化的今天，没有哪一个全球城市在多个角色分工中取得优势，并且城市软实力的排名亦随着时间的进程不断发生变动。咨询公司、智库、学术界、商业团体以及媒体使用各种方法来评估和比较城市的软实力。评价范围从基于可量化、细粒度的指标对数据进行全面、深入分析到对现有排名的综合分析；从旨在量化文化交流到确定城市交通设施和发展环境对软实力影响程度。总体来说，全球城市软实力评价的核心意义是为了帮助城市在全球化进程中把握动态趋势，区分角色定位，以实现差异化发展。

在目标城市排行方面（见表 3-4），伦敦在全部 6 项排名中均上榜，其中在 3 个榜单中排名第 1。尽管伦敦的经济实力不是最强，在世界城市 GDP 中排在第 5 位，但因其悠久的文化底蕴和政治影响力，长期位居各大城市排行榜单的前列。东京、新加坡入围 5 个指数前 10 名，并且其中的 4 个指数排名前 5，纽约、巴黎入围 4 个指数前 10 名。上海入围 2 个指数前 10 名，但排名靠后，均为第 10 名。

表 3-4　主要评价榜单城市排名统计

排名	Cities of Opportunity 7 （机遇之城 第七版）	Hot spots 2025 （热点 2025）	Global Cities Index （全球城市指数）
1	London	New York	New York
2	Singapore	London	London
3	Toronto	Singapore	Paris
4	Paris	Hong Kong	Tokyo
5	Amsterdam	Tokyo	Los Angeles
6	New York	Sydney	Beijing

（续表）

排名	Cities of Opportunity 7（机遇之城 第七版）	Hot spots 2025（热点 2025）	Global Cities Index（全球城市指数）
7	Stockholm	Paris	Hong Kong
8	San Francisco	Stockholm	Chicago
9	Hong Kong	Chicago	Singapore
10	Sydney	Toronto	Shanghai
排名	Global Power City Index（全球城市影响力指数）	City RepTrak（城市声誉排行）	Sustainable Cities Index（城市可持续发展指数）
1	London	Sydney	London
2	New York	Copenhagen	Stockholm
3	Tokyo	Vienna	Edinburgh
4	Paris	Stockholm	Singapore
5	Singapore	Vancouver	Vienna
6	Amsterdam	London	Zurich
7	Berlin	Melbourne	Munich
8	Seoul	Barcelona	Oslo
9	Madrid	Milan	Hong Kong
10	Shanghai	Toronto	Frankfurt

从评价排名整体上看，伦敦和纽约的综合实力最强，分别在3个和2个榜单中排名首位。施罗德(Schroders)通过经济、环境、创新和交通四大维度对于全球所有城市进行评估，在其发表的《全球城市指数报告》中伦敦在全球最佳城市排行中位居第一。加拿大共振咨询公司(Resonance Consultancy)参考设计面向六个方面：地点、人口、规划、产品、繁荣度、发展的指标，在其评选的“2020全球最佳城市”排行中，伦敦当选全球最佳城市。日本森纪念基金城市战略研究所(IUS)通过经济、研究与开发、文化互动、宜居性和可访问性这六项功能来评估，伦敦在2020年度全球活力城市指数的报告中排名第一。除了这些跨国机构在评估，英国的智库团队也在年度评选中给伦敦打了高分。全球化与世界城市研究网络(Globalization and World Cities Study Group and Network，GaWC)针对全球经济联系紧密度进行评估，伦敦荣获Alpha＋＋城市称号，也就是全球经济联系最紧密的城市。在中国社会科学院财经战略研究院发表的《全球城市竞争力报告》中，

伦敦在世界 top20 的城市中，仅次于纽约。美国全球城市实验室（Global Cities Lab）深入对城市品牌价值影响进行研究，对于世界各个城市的品牌价值进行评估，伦敦的城市品牌价值为 1.85 万亿美元，位居世界第三。尽管世界各大评估团队的评估目的各不相同，但伦敦在各评估中均有不俗的表现，上海的综合实力最弱，仅在 2 个榜单中排在第 10 位。

2019 年 ING 咨询公司对国际一线城市的数字可见性进行了为期一年的研究，将世界上最受关注的城市排在首位。纽约市占主导地位，其次是东京、伦敦和巴黎。世界排名前 250 位的城市中，每五个在线提及中就有一个是关于这四个城市的，巩固了它们作为世界超级品牌的地位。同时上海也进入其 2019 年度报告《世界上谈论最多的城市》（The World's Most Talked about Cities）排名（图 3-7），在 NEWS 可见性中排名第 5，在 FORUMS 可见性中排名第 2，说明上海在网络中也有比较高的关注度。

NEWS	INSTAGRAM	TWITTER	FORUMS	BLOGS
① NEW YORK CITY	① NEW YORK CITY	① TOKYO	① BEIJING	① NEW YORK CITY
② BEIJING	② LONDON	② NEW YORK CITY	② SHANGHAI	② LONDON
③ LONDON	③ PARIS	③ PARIS	③ TOKYO	③ PARIS
④ PARIS	④ DUBAI	④ LONDON	④ HONG KONG	④ TOKYO
⑤ SHANGHAI	⑤ MOSCOW	⑤ MADRID	⑤ ROME	⑤ ROME
⑥ BERLIN	⑥ ISTANBUL	⑥ BARCELONA	⑥ NEW YORK CITY	⑥ SINGAPORE
⑦ HONG KONG	⑦ TOKYO	⑦ SEOUL	⑦ PARIS	⑦ HONG KONG
⑧ SEOUL	⑧ LOS ANGELES	⑧ OSAKA	⑧ LONDON	⑧ LOS ANGELES
⑨ MADRID	⑨ MIAMI	⑨ DUBAI	⑨ SHENZHEN	⑨ MOSCOW
⑩ TOKYO	⑩ JAKARTA	⑩ ROME	⑩ OSAKA	⑩ BERLIN

图 3-7 《世界上谈论最多的城市》报告城市排名

第六节　本章小结

上海作为一座兴起的国际化城市也受到了国际媒体的高度关注，与纽约、巴黎、伦敦、东京、新加坡等国际城市相比，上海的国际媒体关注度还有一定差距，特别是与纽约、巴黎、伦敦相比更为明显。伦敦是创意之都，巴黎是时尚之都，纽约是文化之都，上海的"智慧城市""数字城市"特征明显，"上海经济"这一主题受到国外主流媒体的重点关注，上海"五个中心"形象已具有广泛影响力，尤其是国际金融中心、经济中心、贸易中心形象彰显。尽管上海的国际媒体关注度不如其他几个国际都市，但上海成为继纽约之后最受好评的城市。

第四章　国际媒体中的上海城市软实力建设：评估指标和比较研究

城市形象是公众对城市的经济资源、基础设施等物质要素和历史文化等非物质要素的整体印象和评价，从前几章的国际媒体及社交媒体的城市形象构建元素来看，涉及城市经济、体育、文化、医疗卫生、城市管理与服务、生态环境、交通及教育等诸多要素。而城市软实力是建立在城市文化、政府服务、居民素质、形象传播等非物质要素之上的城市社会凝聚力、文化感召力、科教支持力、参与协调力等各种力量的总和，城市软实力的诸多元素与城市形象密切相关。随着现代经济社会的发展，软实力对城市发展的影响与作用越来越突出，也成为城市形象构建的关键内在因素，在城市软实力的诸多要素和指标中"城市形象"具有非常重要的地位，良好的城市形象对内能够增强市民的归属感、自豪感和向心力、凝聚力；对外能够提高城市的知名度、美誉度和影响力，促进城市经济、社会和文化的良性发展，从而提高城市的综合竞争力。

城市形象并不是与生俱来的，而是经由后天形塑的。城市形象的媒体构建是主体对外在物体、行为以及事件等事实实况的认知、态度、评价以及情感的反映，媒体在新闻报道中如何描述、呈现、评价城市，在很大程度上影响人们对城市的认知、观念和态度，从而建构一个虚拟的城市形象，影响对实体城市形象的真实认知。因此媒体的新闻选择与报道框架等外在刺激以及认知主体的价值观、期望等因素是城市形象之媒体建构的两个主要来源。

城市形象作为城市软实力的重要组成部分，城市软实力建设的核心应是提升城市形象[①]。城市形象对城市经济的发展、旅游市场开拓、对外交流合作以及人才的吸引都具有积极意义，因而城市形象是一个城市软实力的最大招牌，是衡量城市竞争力的重要指标。对城市软实力评估方法进行系统探讨，构建客观、可量化、可操作的城市软实力评估指标体系，检验上海建设国际大都市的方法、渠道和效果，以明确上海城市建设的潜在空间，并为提升软实力提供针对性的建议。因此，从国

---

① 胡键.城市软实力的构成要素、指标体系编制及其意义[J].探索与争鸣，2021(07)：46-48.

际媒体角度出发构建全球城市软实力评估指标对于上海城市形象的构建及提升具有重要意义。

第一节 全球城市软实力评估现状

软实力是美国国际关系学者约瑟夫·奈(Joseph Nye)教授在1990年提出的，他认为影响其他国家的能力往往与无形的权力资源，如文化、意识形态和制度相关[①]。软实力被定义为旨在引起合作的吸引力和说服力，起源于城市的价值观、文化以及政策环境的吸引力[②]，城市软实力建设是一项涉及经济、制度、文化、人才、科技和教育等多因素的系统性工程。英国文化协会将“城市软实力”定义为:“市民社会、居民和城市机构的工作与生活体验的总和表达。城市软实力间接表现为城市本身的特征。”结合我国国情和发展目标，在借鉴已有研究的基础上，可以将城市软实力定义为[③]:利用文化、价值观、制度、民众素质等软要素形成的无形力量，软实力可以不断增强城市文化影响力、群众凝聚力和城市吸引力，从而全面提升城市经济、政治、社会发展水平，为城市全方位发展提供的无形动力。城市软实力的概念在国际背景下的传播和影响力之间的共性特征已被开展广泛研究，城市是否拥有软实力优势，取决于其文化和价值观是否符合普遍的全球规范;其对外沟通渠道是否可以影响全球媒体对问题的表述方式;其公信力是否因国内和国际行为而提升[④]。但城市软实力评估是一个复杂、多维、量化的过程，但以上因素大多是基于理论视角开展的质化研究，这使得研究的开展无法抓住重点。

城市软实力评价过程为比较城市内部和城市之间的城市指标，以确定一个地区/城市相对于其他地区/城市最佳实践的表现，用于促进城市发展。为了相互比较城市发现差异，学者通过确定合理评价指标，例如可持续性、宜居性、经济表现、生活成本等，收集数据并对确定的指标分配数值，最后汇总生成一个综合指数值，从而评估城市的表现，综合指数从高到低排序，以确定城市之间在各个维度上的差距。

全球城市软实力评估可以追溯至20世纪70年代瑞士银行(UBS)首次编制的

---

① Nye J S. Soft power[J]. Foreign policy, 1990 (80): 153-171.

② Gilboa E. Searching for a theory of public diplomacy[J]. The annals of the American academy of political and social science, 2008, 616(1): 55-77.

③ 许云霄.深化城市软实力的内涵理解和评价指标体系构建[EB/OL].[2023-06-25]. https://m.thepaper.cn/baijiahao_22250901.

④ Snow, N. Rethinking Public Diplomacy in the 2020s[A].// Snow, Nancy, Taylor.Routledge handbook of public diplomacy[M]. New York: Routledge, 2020:3-11.

价格和收益调查①。根据在选定地点开展业务的成本，比较了世界各地的大量城市，价格和收益调查旨在帮助瑞银做出投资决策。然而，从历史上看，人们对城市软实力排名更感兴趣的原因往往是1981年出版的《美国城市排名年鉴：寻找美国最佳居住地点指南》②，尽管一些学者③④认为在数据统计方法上更为严谨，但《美国城市排名年鉴》被认为是第一本成功普及城市生活质量排名的同类年鉴。自20世纪90代初以来，媒体对头部城市和落后城市的重点新闻越来越关注，更引发了公众的关注，随着美国国际关系学者约瑟夫·奈教授在1990年提出软实力这一概念，为城市评价的基准纲领指明了方向，城市软实力评价亦正式成为学术讨论的焦点。

目前，全球范围内有多达数十家咨询机构或社会组织发布有不同的全球城市年度评分指标，如英国的全球化与世界城市研究网络（Globalization and World Cities Study Group and Network，GaWC）、莱坊（Knight Frank）、全球资产管理公司施罗德（Schroders），美国的科尔尼咨询公司（Kearney）、全球城市实验室（Global Cities Lab），日本的森纪念基金城市战略研究所（IUS），加拿大的共振咨询公司（Resonance Consultancy）以及中国社会科学院财经战略研究院（CASS），他们发布的排行报告用于帮助城市政策制定者管理城市，同时也在认知中强化了公众对城市形象的构建。不同的城市评估体系设有不同的指标类型，侧重点也有所不同（见表4-1），在本节中将具备全球影响力的综合城市指数和一些细分领域的城市排行报告纳入讨论当中。

表4-1 部分城市排行报告统计

出版物名称	出版商/作者	类型	简要说明
Global Cities Index	A.T. Kearney	综合指数	5个主题，29项指标
Cities of Opportunity 7	PricewaterhouseCoopers	综合指数	10个主题，66项指标

---

① Taylor P J, Catalano G, Walker D R F. Measurement of the world city network[J]. Urban studies, 2002, 39(13): 2367-2376.

② Boyer R, Boyer R, Savageau D. Places rated almanac: Your guide to finding the best places to live in America[M]. Rand McNally, 1985.

③ Liu B C. Quality of life indicators in US metropolitan areas[M]. San Francisco: Praeger, 1976.

④ Smith D M. The geography of social well-being in the United States: An introduction to territorial social indicators[M]. McGraw-Hill, 1973.

（续表）

出版物名称	出版商/作者	类型	简要说明
Hot Spots 2025	Economist Intelligence Unit	综合指数	8 个主题，32 项指标
the Global Power City Index	Mori Memorial Foundation	综合指数	6 个主题，26 项指标
Sustainable Cities index	Arcadis	可持续发展指数	3 个主题，25 项指标
The Global Liveability Index	Economist Intelligence Unit	宜居性指数	6 个主题，30 项指标
Quality of Living Survey	Mercer	宜居性指数	10 个主题，39 项指标

全球城市处于主导世界格局的独特地位，汇聚了包含城市文化符号、城市外交关系、城市合作网络、城市品牌营销、人力资本等要素资源，并且在活动层面展示文化、品牌、宣传等一系列传播实践。多年以来，城市软实力评价的标准不断拓展，以吸引更广泛的受众，包括政策制定者、企业、居民等，多份评估城市软实力排名报告强调文化互动、城市宜居、环境资源等方面，现已成为吸引来自世界各地的个人和企业前往旅游、投资的重要考量因素。科尔尼咨询公司联合国际顶级学者与智库机构发起全球城市综合排名（Global City Index），该指标体系从商业活动、人力资本、信息交流、文化体验、政治参与五个维度共 29 个指标对顶级城市的发展进行了排名[①]，旨在对全球各城市的国际竞争力与发展潜力进行系统评估。日本森纪念财团城市战略研究发布世界城市综合实力排行榜（Global Power City Index，简称 GPCI）[②]，该报告从经济、研发、文化交流、居住、环境、交通六个方面（图 4-1），通过 70 个细化指标，对全球主要城市进行量化评价，得到全球前 48 个城市的具体排名，反映了城市在吸引世界各地的人、资金和企业方面的表现，即城市全球吸引力。GPCI 报告根据城市吸引全球创造性人才和企业的整体实力，对 40 多个主要城市进行了排名，与全球城市指数（GCI）相比，除了已有的人文层面指标，全球城市实力指数（GPCI）还关注了城市发展环境层面。普华永道管理咨询公司发布《机遇之

① 2021 Global Cities Report[EB/OL].[2022-4-17]. https://www.kearney.com/global-cities/2021.
② 2021 Global Power City Index 2021[EB/OL].[2022-4-17]. https://mori-m-foundation.or.jp/english/ius2/gpci2/index.shtml.

城》(Cities of opportunity)报告①,其超越于一般的综合性城市排名,提供了文化符号、宜居性等10个类别以及交通拥堵等59个指标中的每一项排名。在热点2025(Hot Spots 2025)报告②中,经济学人智库对每一个一级指标赋予了明确的权重,经济实力分配30%权重,并将15%权重分别赋予人力资本和实体资本,而其他类别:财务成熟度、社会和文化特征、环境和自然危害以及全球吸引力的权重则处于5%到10%之间。

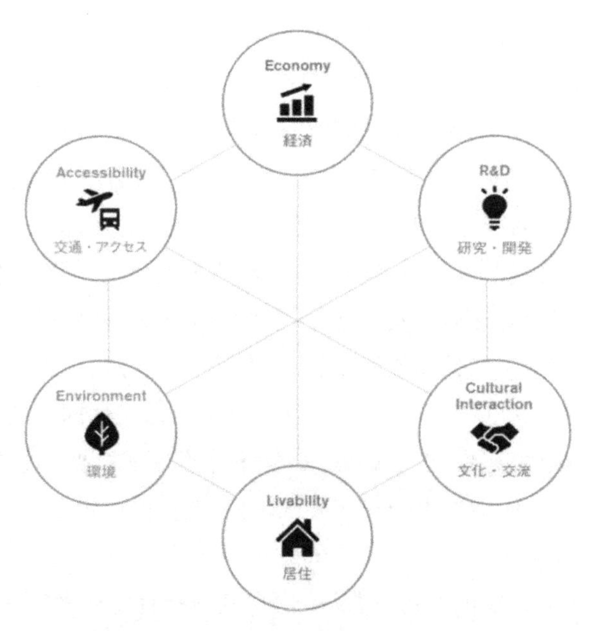

图4-1　GPCI城市排名指标维度

城市软实力是衡量城市综合实力的重要标识,也是一个城市整体吸引力的重要指标,现有的一系列评价指标为城市决策者了解本城市的软实力提供了不同的视角,城市软实力评价指标将会成为不可或缺的工具,在全球城市竞争中制定更为有效的城市战略并促进全球城市之间的知识交流与合作。但和城市本身一样,城市软实力指标评价体系因侧重点不同,制定的评价指标也有不同。无论评价指标在数据收集和分析方面多么严谨,缺乏国际可比较的、可靠的数据来源依旧是所有

① Cities of opportunity[EB/OL][2022-7-17]. https://www.pwccn.com/en/cities-of-opportunity/cities-of-opportunity-7.pdf.

② Hot Spots 2025 Benchmarking the future competitiveness of cities[EB/OL].[2022-7-17]. https://www.citigroup.com/citi/citiforcities/pdfs/hotspots2025.pdf.

城市评价报告面临的共同挑战。《可持续城市指数》所收集的数据：可收入差距、文盲率、预期寿命、抚养比等的来源均为世界银行世界发展指标中对目标城市所在国家的特定数据，而新兴国家内部必然存在着区域发展不平衡的局面，而国家的特定数据是基于整个国家范围内形成的，因此新兴国家的核心城市的表现实际上要比所统计的数据更好，即在指标数据来源的选择上，忽略了城市与农村两个层面的差异，掩盖了目标城市的真实情况，放大了新兴经济体中快速崛起的城市的劣势，其结果亦可从《可持续城市指数》的城市排行榜反映，排名前十的城市无一来自新兴城市，仅有香港、台北、澳门 3 个亚洲城市排进前 50 位。

然而，评价榜单的作者是城市排行高低的关键，从事城市指数排名的咨询公司、智库投入大量资源来收集数据、整理与分析并生成专业的报告。从普华永道等咨询巨头到阿卡迪斯(Arcadis)等细分市场咨询服务提供商，直接向目标城市政府部门提供城市竞争咨询服务。然而，尽管指标的数据来源大部分是客观可量化的，但是在指标范围的设置上依然会受到研究人员的主观影响。此外，除了《全球城市影响力指数》由日本森纪念财团发布之外，大部分具备影响力的城市评价排行都是由美国和西欧国家发布，在具体指标上，由于作者往往用美欧的标准设定，尤其当试图衡量文化这种难以量化的资源时，往往有利于西方发达国家的核心城市，从而忽视了新兴经济体中快速崛起的城市。6 个评价榜单都根据一组指标(指标数量从 25 项至 66 项不等)评估城市的整体表现，每一项指标作为单独的数据来源进行统计，并按照类别分组。这也意味着不同评价榜单之间指标选取范围的不同意味着目标城市可能在某些指标上得分很高，但在其他指标上却落后。例如在日本森纪念财团城市战略研究发布的《世界城市综合实力排行榜 2021》(Global Power City Index 2021)中，上海在航空旅客人数方面处于第 1 位，迪拜排在第 9 位，但在科尔尼咨询公司发布的《全球城市综合排名 2021》(Global City Index 2021)中，并没有设置交通可达性相关指标，而是将国际游客数量指标设置于文化体验(cultural experience)大类中，并且迪拜在该指标中取得领先。显然由于在同类型指标中的统计口径不同，最终的结果可能会呈现两极化。

自 20 世纪 90 代初以来，由于国际社会对环境问题和城市绩效的日益关注，宜居性问题一直是这一过程的核心①，多份排名报告也强调文化互动、环境资源等方面评估城市的软实力，文化互动、城市宜居、环境资源等现已成为吸引来自世界各地的个人和企业前往旅游、投资的重要考量因素。科尔尼咨询公司联合国际顶级

---

① Wachsmuth D, Cohen D A, Angelo H. Expand the frontiers of urban sustainability[J]. Nature, 2016, 536(7617): 391-393.

学者与智库机构发起全球城市综合排名，旨在对全球各城市的国际竞争力与发展潜力进行系统评估，该指标体系从商业活动、人力资本、信息交流、文化体验、政治参与五个维度共 29 个指标对顶级城市的发展进行了排名①。多年以来，城市软实力评价的标准不断拓展，以吸引更广泛的受众者，包括政策制定者、企业、居民等，如日本森纪念财团城市战略研究发布世界城市综合实力排行榜②，GPCI 报告根据城市吸引全球创造性人才和企业的整体实力，对 40 多个主要城市进行了排名。与全球城市指数（GCI）相比，除了已有的人文层面指标，全球城市实力指数（GPCI）还关注了城市发展环境层面。普华永道管理咨询公司发布《机遇之城》（Cities of Opportunity）报告③，其超越于一般的综合性城市排名，提供了文化符号、宜居性等 10 个类别以及交通拥堵等 59 个指标中的每一项排名。在热点 2025（Hot Spots 2025）报告④中，经济学人智库对每一个一级指标赋予了明确的权重，经济实力分配 30%权重，并将 15%权重分别赋予人力资本和实体资本，而其他类别：财务成熟度、社会和文化特征、环境和自然危害以及全球吸引力的权重则处于 5%到 10%之间。

除了城市软实力综合评价指标之外，基于某一维度的单项评价指标逐渐走进咨询公司、智库、学术界、商业团体以及媒体的关注视野，例如，媒体沟通⑤、跨国公司服务网络⑥⑦、文化传播⑧以及城市可持续发展指数⑨等。如英国 ING 咨询公司对国际一线城市的数字可见性排名从文化，技术，商业，宜居性和人才方面也构建了相应的指标（图 4-2）。全球城市处于主导世界格局的独特地位，汇聚了包含城市文化符号、城市外交关系、城市合作网络、城市品牌营销、人力资本等要素资源，并

① 2021 Global Cities Report[EB/OL].[2022-6-17]. https://www.kearney.com/global-cities/2021.

② 2021 Global Power City Index 2021[EB/OL].[2022-6-17]. https://mori-m-foundation.or.jp/english/ius2/gpci2/index.shtml.

③ Cities of opportunity[EB/OL].[2022-4-17]. https://www.pwccn.com/en/cities-of-opportunity/cities-of-opportunity-7.pdf.

④ Hot Spots 2025 Benchmarking the future competitiveness of cities[EB/OL].[2022-6-17]. https://www.citigroup.com/citi/citiforcities/pdfs/hotspots2025.pdf.

⑤ Hoyler M, Watson A. Global media cities in transnational media networks[J]. Tijdschrift voor economische en sociale geografie, 2013, 104(1): 90-108.

⑥ Taylor P J. Advanced producer service centres in the world economy[M]. Global Urban Analysis. Routledge, 2012: 48-65.

⑦ Hanssens H, Derudder B, Taylor P J, et al. The changing geography of globalized service provision, 2000-2008[J]. The Service Industries Journal, 2011, 31(14): 2293-2307.

⑧ Krätke S. Global media cities in a world-wide urban network[J]. European Planning Studies, 2003, 11(6): 605-628.

⑨ Sustainable Cities Mobility Index[EB/OL].[2022-8-17]. https://www.arcadis.com/campaigns/scmi/index.html.

且在活动层面展示文化、品牌、宣传等一系列传播实践。这些评价榜单通常被视为重要且有用的工具，使得比较城市的表现和为城市后续发展提供指南成为可能，对城市决策者具有强大吸引力。

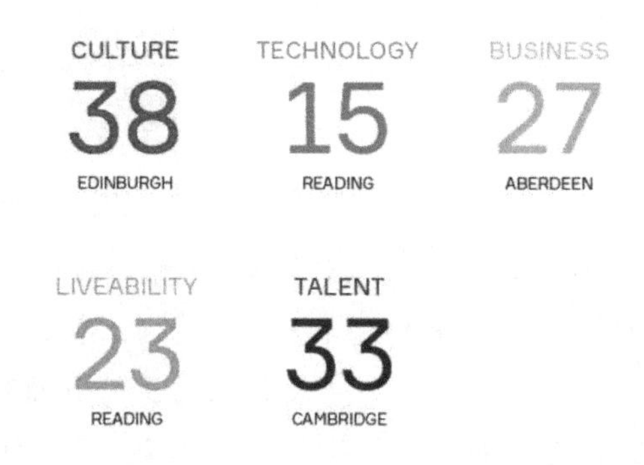

图 4-2　ING 咨询公司的数字可见性评估指标维度

全球城市的各类排名也存在不少争议，其争议来源于对评价指标设置的差异。这些评价报告往往以通过提供城市形象的比较结果来吸引公众的兴趣，问题在于，作者通常只将结果向社会公众展示，很少考虑评价背后指标设置差异的合理性和数据来源的唯一性，进而导致一个城市在不同评价榜单中的排名不同。

目标城市的全球排名凸显了城市的实际表现与国际社会对其看法之间的差距。正如声誉研究所（Reputation Institute）发布的《100 个城市声誉的在线研究》认为，城市的受欢迎程度与城市排名的趋势一致，城市的声誉是一项不可忽视的宝贵资产①。上海在《全球城市影响力指数》和《全球城市报告》两个榜单中的排行趋势变化如图 4-3 所示，总体来说，上海在上述两个榜单的排名是随着时间的进程而逐步提高，尽管上海在上述两个榜单的排名不一致，甚至存在一定的差距，原因在于两者在指标设置上存在差异。事实上，部分的城市指数排行报告依赖于问卷调查，通过反映目标城市当地居民的个人意见，更加全面地展现目标城市的实际表现，如日本森纪念财团发布的《全球城市影响力指数》中，通过将居民问卷调查目标城市室外空间和街道的清洁度（经常清理垃圾、清扫等）的满意度和 TripAdvisor 提供的目标城市的街道满意度取两者平均值确定对城市清洁度的满意度这一环境指标。上海在《全球城市影响力指数 2019》43 个城市的自然环境满意度中排在第

① The World's View on Cities: An Online Study of the Reputation of 100 Cities [EB/OL].[2022-5-6]. https://www.aeidl.eu/images/stories/pdf/cityreptrak2015.pdf.

三位，但在客观环境指数却排名倒数第一，前后分差高达 194.1 分，同时由于主观评价权重较低，这也成为上海在 2019 年以前排名 50 开外的重要原因。随着以上海浦东机场扩建为首的一批交通旅游基础设施的改善，上海在《全球城市影响力指数 2021》交通可达性方面高居第一，同时由于 GDP 增长率的优势，以及与上年相比大幅增加的共享办公空间数量，提高了在经济指标的评级，在总排名方面爬升至第三十位。

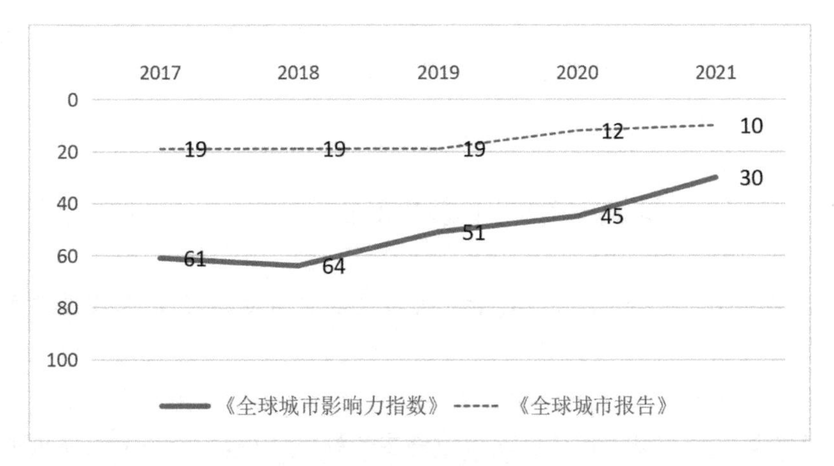

图 4-3　上海在两个综合城市指数排行表现（2017—2021）

由联合国经济和社会事务部人口司编制的《2018 年版世界城镇化展望》显示，目前世界上有 55% 的人口居住在城市地区，到 2050 年，这一比例预计将增加到 68%①。全球城市处于世界和平发展的核心地位，城市的扩张吸引了大量的人口流入。如果要解决城市在发展过程中面临的广泛问题，提升城市软实力，必须关注如何利用城市的文化、产业和资源，并对城市的品牌和形象付之于一系列传播实践。在这一进程中，城市排名和指数可以通过提供有价值的分析建议，但前提是城市评价排名的研究人员了解评价指标之间的差异，为后续的数据分析奠定基础。其次，根据最新可用的数据来源设定具有可比较和可靠性高的指标体系来详细衡量样本城市的发展，在具体的分析层面上，可以忽略无法控制的客观因素，例如天气状况、地理位置等，从而专注于更具有效性的指标分析。最后着眼于基础指标，对样本城市的绩效表现进行分析，并确定同类型城市之间的优势和劣势。城市评

① The World's Cities in 2018［EB/OL］.［2022-5-7］. https://www.un.org/development/desa/pd/sites/www.un.org.development.desa.pd/files/files/documents/2020/Jan/un_2018_worldcities_databooklet.pdf.

价排名的本质是通过比较发现城市的优劣，因此，目标城市不应该只注重于自身的表现，通过扩大分析比较范围，城市管理者可以了解从而得出更有效的竞争策略。例如，东京会将自身与伦敦、纽约等表现最好的城市进行比较，但在选取比较对象上，应该关注双方的城市规模、GDP、全球城市地位等的一致性。

城市软实力是衡量一个城市整体吸引力的广泛而被动的指标，现有的一系列评价指标为城市决策者了解本城市的软实力提供了不同的视角，但和城市本身一样，城市软实力指标评价体系还有提升的空间，通过微调研究方法、改进数据收集和分析，制定科学衡量城市软实力的组织框架。城市软实力评价指标将会成为不可或缺的工具，在全球城市竞争中制定更为有效的城市战略并促进全球城市之间的知识交流与合作。

第二节 国际媒体中的上海城市软实力建设：议题与元素

2021 年 6 月，十一届上海市委十一次全会审议通过《中共上海市委关于厚植城市精神彰显城市品格 全面提升上海城市软实力的意见》，率先对“城市软实力”进行了理解和定义，提出城市发展需要软实力和硬实力的完美融会和组合。上海作为一个国际大都市城市形象已获得境外主流媒体认可，境外主流媒体报道上海会影响国际社会对上海的评价，更对大众对上海的认知产生重要影响，因此，国际媒体是上海国际大都市城市形象塑造的重要指标，而国际主流媒体涉沪重要议题与元素更是国际媒体对上海形象构建的重要元素。从 2014—2021 年间国际主流媒体涉沪议题与元素来看（表 4-2），主要集中在经济、文化、科技及社会治理等方面。

表 4-2 2014—2021 年间国际主流媒体涉沪议题与元素

年份	国际主流媒体涉沪重要议题与元素
2014	上海自贸区挂牌、上海迪士尼项目、F1 汽车赛在上海举行、亚信峰会、网球大师赛、股港通开启、商飞计划、上海国际马拉松赛、洋山港、虹桥会展等
2015	上海“四个中心”、股市震荡、上海自贸区建设、上海科创中心建设、国际文化大都市建设、大飞机研发等
2016	上海“四个中心”、上海自贸区建设、上海科创中心建设、国际文化大都市建设、城市治理、公共服务等

(续表)

年份	国际主流媒体涉沪重要议题与元素
2017	上海“四个中心”、科创中心建设、自贸区改革3.0版-上海自由贸易港建设、国产大飞机、国际文化大都市建设等
2018	上海进博会、上海自贸区、上海2035卓越全球城市建设规划、上海国际科技创新中心建设、智能交通、机器人制造未来工厂、智慧城市、上合峰会、时尚之都、教育、医疗、城市治理、公共服务等
2019	中美贸易摩擦和经济博弈、上海高科技、科创中心、经济中心、上海文化、体育交流及航运互通、文体信息、社会治理能力、垃圾分类等
2020	新冠疫情、证券市场、金融、卫生医疗、智慧城市、随申码等
2021	自贸区经济发展、上海营商环境、浦东机场发展、五大中心落地、上海新能源车制造业发展、经济金融政策优化、科创版、区块链、世界航运中心建设、社会主义国际文化大都市建设、艺术、时尚、娱乐等

一、文化议题

在“十三五”时期,上海积极服务国家社会主义现代化国际大都市建设战略,国际文化大都市建设提升上海软实力。迪士尼是国际媒体报道上海时提及最多的文化议题,《纽约时报》《卫报》等主流媒体对此进行了报道。而且《纽约时报》一家的报道量就有十余篇。国际媒体对迪士尼乐园建造和发展情况的报道,比如乐园耗资55亿美元、占地1000公顷、主题公园的构造、主要的景点、人员招聘,迪士尼建立了全世界最大的一家迪士尼品牌店,以及将在2016年春季开园等信息。《洛杉矶时报》报道了上海迪士尼乐园有一座城堡计划加入中国动画的龙图标,通过本土化改造,来迎合中国顾客的文化消费需求。在有关上海电影节方面,主流媒体如《纽约时报》《洛杉矶时报》、法新社、《海峡时报》等对明星、参展电影等有较多报道。国际媒体还报道了上海与东京在上海国际电影节签订协议,促进上海和东京电影节发展,以及日本品牌丰田车在上海参加2015年世界耐力锦标赛。此外,外媒还对上海的展会业、旅游业、博物馆等进行了报道,关注在上海举办的各类会展,这些报道有力地促进了上海“国际会展之都”的吸引力,提升了上海的国际形象,已基本建成具有全球影响力的世界著名旅游城市。

“十四五”时期,是上海奋力推进高品质世界一流旅游城市建设的关键五年。2021年上海市人民政府编制了《上海市社会主义国际文化大都市建设“十四五”规划》，深化上海文化发展改革，全力打响“上海文化”品牌，加快建设具有世界影响力的社会主义国际文化大都市。德意志新闻社、CNN 等关注上海旅游节、上海电影展等活动。而在电子竞技方面，BBC、《南华早报》等国际主流媒体关注了上海电竞发展，聚焦上海开始建造价值 8.98 亿美元的电子竞技场馆，力争成为世界游戏之都。

二、经济议题

中美贸易摩擦及其给世界经济带来的巨大影响是国际媒体报道上海的重要背景板。中美贸易的起起伏伏影响世界和中国经济涨跌，上海作为中国重要证券市场以及经济开放风向标，无疑会频频出现在相关报道中。尤其是其中一轮中美贸易谈判在上海举行，使得上海与中美及世界经济走向进一步紧密联系在一起，国际媒体一同关注上海的重要谈判。

而在中美贸易摩擦背景中开启的第二届中国进口博览会也使各国媒体瞩目上海。各国对进博会的参与及相关交易协议的签署都带动了相关国际媒体的报道，习近平主席在进博会开幕式上的重要讲话传递了中国对世界经济关系的态度，这一讲话吸引国际媒体的广泛报道，也使得全球瞩目上海，其他国家领导人的表态如马克龙进博会上对中国扩大改革开放重要性的强调也广受媒体报道。可以看到，在中美贸易关系紧张、世界经济疲软的形势下开启的进博会向世界传递了中国愿与世界经济携手共进的决心和举措，上海也作为进博会的举办地成为中国通过与世界经济紧密联系建设人类命运共同体的重要节点。

国际企业进驻上海的经营发展及上海的对外经济合作趋势是全球媒体重要关注点。特斯拉在上海工厂的动工及其公司的盈利、特斯拉汽车在上海发生自燃及相关调查则受到国际媒体普遍报道——包括加拿大《多伦多星报》、美国《纽约时报》、俄罗斯卫星社、塔斯社、日本《读卖新闻》《朝日新闻》、英国《泰晤士报》《每日电讯报》等国际主流媒体。日本《朝日新闻》称，上海工厂是特斯拉第一家海外工厂，公司对扩大生产很有信心。俄罗斯卫星社强调特斯拉工厂进驻上海自贸区，将获得中国国务院新的税收优惠和免税政策，特斯拉也认同自贸区在“引导经济全球化的健康发展”中的作用。日本《读卖新闻》强调，特斯拉是中国放宽限制规定后新认定的首家外资全额出资的汽车工厂。德国《世界报》报道了德国汽车技术供应商采埃孚（ZF）将在上海郊区设立制造部门。该公司称，中国市场有极大的作为新型汽车制造领头者的潜力。另外该报还报道了上海复星国际收购汉堡时尚业巨头汤姆·泰勒（Tom Tailor），认为这又一次展示了中国企业的强大购买力。

此外，上海的中外经济合作趋势与经济交流活动也得到较多报道。加拿大《环球邮报》报道，经历了华为孟晚舟系列风波之后，在上海举行的加中贸易理事会年度盛会上，加拿大商界领袖表示他们渴望经过一年的磨难继续前进，希望寻求更顺畅的关系。《澳大利亚人报》则报道，澳大利亚贸易委员会在上海给有中国梦的澳大利亚公司一个试水的机会，帮助他们在中国更好的发展，已有大约 32 家澳大利亚公司启动项目。俄罗斯卫星社报道中国代表团抵达莫斯科考察"一带一路"倡议框架下的合作前景。俄罗斯亚洲工业企业家联合会代表表示，上海是世界级的工业和金融中心，当天举行的活动是两国关系高水平的又一次表现，莫斯科将为上海商务代表团展示自己的经济潜力。上海车展所展示的中国汽车业在世界的影响以及国际车企的重视也颇受国际媒体关注。法国《费加罗报》报道，汽车世界的重心再次向亚洲转移，德国制造商更愿意参加中国展览，将积极参加上海车展。该报还指出车展上的汽车制造商正面临着作为全球市场引擎的中国市场的销售额下降，中国的危机将会成为世界的危机。日本《读卖新闻》则报道新型电动汽车市场激烈，中国政策鼓励发展电动车，上海车展上日本不甘落后。《印度斯坦时报》报道上海举办的世界移动产业论坛将就美国将华为和其他中国顶尖科技公司列入黑名单这一做法开展探讨。此外，俄中领导人品尝过的同款蜂蜜亮相上海中国食品展、第二届虹桥国际经济论坛将在上海举行等经济交流活动等也都得到俄罗斯媒体的报道。

三、科技议题

在高科技经济时代，经济中心的成就离不开科学技术的发展，因此与对上海经济的关注相匹配，涉及上海的科技信息也比较突出。《南德意志报》发表报道《近期在上海，"科创板"的设立给中国带来抗争香港以及华尔街的新平台》，指出中国各界对于上海成立的"科创板"具有很好的评价与期待，认为能够比肩美国纳斯达克公司。德国《世界报》在报道《上海已然成为高科技领头城市》中表示，汉堡来华访问的投资者纷纷表达对上海这座大城市的赞叹。过去西方眼中的第三世界国家，贫穷的城市，现如今作为自然科学及高科技的领头城市已形成重要的国际影响力，汉堡未来发展也从上海的发展中获得启发。HHLA 公司首席执行官安吉拉 · 蒂茨拉特（Angela Titzrath）说："中国如今在科技领域的成就是德国未来科技发展的预见。"代表团成员安德烈 · 特雷波尔（André Trepoll）表示："世界未来发展方向在中国目前的脚步中已经很明晰，将朝着发展高科技中不断前行。"该报另一篇报道《汉堡的未来之旅中，上海展示了中国的科技实验基地》表示，汉堡代表团见证了上海在 IT 和生物科学领域的革新发展。报道指出，上海的科技发展是多年有序计划的结果，最终经济的增长正是由创新研究促成。德国汉堡市第一市长彼得 · 琛彻尔则高度认可了上海在科技创新方面的成就，认为汉堡和上海会有更多合作机会，将共同专注城市未来发展。德国亥姆霍兹联合会的德国电子同步加速器研究所（DESY）行政总监克里斯蒂安·哈林加（Christian Harringa）高度赞扬了上海之旅，并提出应加强两个城市之间的合作。

国际社会与上海之间的科技合作也受到国际媒体瞩目，包括：中国科学院上海分院与俄罗斯科学院远东分院签署联合研究协议，全球著名制药公司阿斯利康在上海打造全球研发中心，俄罗斯科学家受邀开发上海特别科技园区，上海亚洲电子交易大会上初次推出改变未来汽车驾驶模式的3D图像技术，上海和纽约举办的春季汽车展强调电子化和自动化汽车制造概念，圣彼得堡国立信息技术、机械学与光学研究型大学在上海举办全息摄影展等。另外，上海取得的具体技术成果和科技进步也往往会受到国际媒体关注，包括上海中国科学院培育出克隆猴，上海虹桥火车站全球第一个启动5G网络建设等。

四、社会治理

全球城市作为全球网络的重要节点需要在城市的可持续发展、公共服务、城市规划和城市治理等方面做出示范。上海在城市治理方面的创新探索吸引了国际媒体的注意，而在这个特大城市有时浮现出的社会问题也会牵动国际媒体的视线。

2019年上海在全国率先开展严格的垃圾分类，这一行动体现了城市的全球责任，同时又极大考验城市治理能力的做法引起了国际媒体的广泛报道，市民们在政府倡导下经历的环保态度的改变尤其得到国际舆论的广泛肯定。美国《华盛顿邮报》在报道《在上海，一个人的垃圾可能是另一个人的宝藏》中称，上海成为中国第一个制定垃圾分类法律的城市，并引用市人大常委会委员、城建环保委委员魏东的话："考虑到上海和其他外国国家在垃圾分类上的巨大差异，可以说我们的城市已经在努力缩小差距，采取的措施也比预期的更为有效。"法国《费加罗报》的报道《上海在中国开启了废物分类的战役》指出，上海的垃圾分类已成为全国各地和社交网络上讨论最多的话题之一，"最大的改变是中国政府正在介入，也在鼓励行动，现在每个人都在谈论并认真参与其中"。澳大利亚《悉尼先驱晨报》报道《城市变得非常严肃：不仅仅是一堆垃圾》强调切实感受到人们对垃圾分类态度的转变——人们已从原有的"没必要"，发展到如今的认真分类的态度。德国《南德意志报》的报道《上海发布世界上最严格的垃圾回收规则》同时也指出了垃圾分类面临的挑战，比如相应的基础设备以及垃圾处理的同步安排，以及普通居民需要一定时间的学习和消化。

考验大型城市管理能力的突发事件，尤其是在上海对外交往过程中发生的事件较易受到国际媒体关注。很多媒体都报道了美国好市多（COSTCO）大型超市开业后由于超大客流和秩序难以维持，暂时关闭第一家开业门店的新闻。美国迪士尼在其禁止上海园区自带食物的规定被法律系学生抗议“双重标准”后宣布允许游客自带食物——这一体现国际知名企业本地化运营中文化碰撞问题的事件也受到国际媒体关注。英国《每日电讯报》则报道了在上海等大城市的英国学校遇到发展的政策瓶颈。

第三节 国际媒体视角下的全球城市软实力评估指标体系构建

讲好中国故事，传播好中国声音，展示真实、立体、全面的中国，是加强我国国际传播能力建设的重要任务。相比于国家形象传播，城市形象传播通过弱化“国家”而强调“城市”，在一定程度上也可减少受众的反抗感。中国城市国际传播是中国国际传播的重要组成部分和实现路径，中国国家形象建构也离不开一个个鲜活的中国城市形象，有研究表明城市能通过其交流和外交实践为民族国家产生软实力（Sevin，E.，2021）①。在围绕如何提升城市形象的讨论中，软实力的概念被引入，胡键（2021）认为，城市软实力建设的核心应是提升城市形象②；徐剑（2021）指出，提高城市软实力的最终目的，就是打造具有全球识别度的城市形象③。

在城市软实力的诸多要素和指标中，城市形象具有非常重要的地位，良好的城市形象对内能够增强市民的归属感、自豪感和向心力、凝聚力；对外能够提高城市的知名度、美誉度和影响力，促进城市经济、社会和文化的良性发展，从而提高城市的综合竞争力。媒介的传达被认为是形象形成的主要方式，媒体报道能够对人们对城市的认知、观念和态度产生很大程度的影响，从而构建一个认知上的城市形象，在数字环境下媒体传播已成为城市形象构建的重要渠道，本研究将国际媒体及社交媒体城市形象传播中的议题及情感等要素与已有的城市软实力评估体系相结合，采用熵值法和用户配比法相结合进行指标权重的计算，以弥补以往城市软实力评估方面专家法主观性太强的不足，同时把媒体中人们的认知、观念和态度等因素考虑进来，从媒体议题与用户认知感受两个角度出发对国际城市国际传播影响力指标体系进行优化，为进一步提升上海城市软实力和国际传播力、影响力提供对策建议。

---

① Sevin，E.The missing link：cities and soft power of nations[J].International Journal of Diplomacy and Economy，2021，7(1)：19-32.

② 胡键.城市软实力的构成要素、指标体系编制及其意义[J].探索与争鸣，2021(07)：46-48.

③ 徐剑.构筑城市形象的全球识别系统[J].探索与争鸣，2021(07)：49-51.

城市软实力建设是一个系统性工程，需要系统性组合合作优化。因此，从系统性角度出发，并且借鉴国内外已有城市评价体系，可以从国际媒体视角对城市软实力进行指标评估构建。

一、指标选取

目前，国际上出现了不同的全球城市软实力评分指标，侧重点也有所不同，选取的测定指标也有所不同，如日本森纪念财团城市战略研究发布世界城市综合实力排行榜从经济、研发、文化交流、居住、环境、交通等几个维度，英国 ING 咨询公司侧重于文化、技术、商业、宜居性和人才维度，科尔尼咨询公司则从商业活动、人力资本、信息交流、文化体验、政治参与等五个维度。国内也出现了针对国内城市软实力的测评指标，如龚娜等在参考和借鉴国家“软实力”概念的基础上，从城市文化、政府管理、开放程度、城市形象建立了城市软实力综合评价指标体系①。陶建杰从文化号召力、教育发展力、政府执政力、城市凝聚力、社会和谐力、形象传播力、区域影响力、环境舒适力等角度进行构建②，此外傅祖栋③、郭春燕④、丁爱侠⑤等也分别从不同的角度对城市软实力指标进行了构建。现有的城市软实力指标大多是在理解软实力的概念和内涵的基础上进行选取的，或通过调研、访谈及专家评价的基础上进行选取，城市软实力指标选取具有一定的主观性。

本研究从国际媒体构建的城市形象报道出发，采用目标层次分析法，依据主题树状关系结构建立城市软实力指标体系，并结合已有的国际城市软实力指标进行调整，具有一定的客观性。在网络信息中国际主流媒体、社交媒体及视频是城市形象构建的主要方式，涉及不同类型的媒体，不同类型的媒体对城市形象的构建侧重点不同，所涉及的议题则集中反映了城市形象构建的角度差异。选取国际主流媒体涉及纽约、巴黎、伦敦、东京、新加坡、上海的报道，Twitter 及 YouTube 视频（主要选取视频描述文本）涉沪信息的议题维度作为构建评估指标的重要元素。采集2017—2021 年间国际主流媒体涉及纽约、巴黎、伦敦、东京、新加坡、上海报道的文本，运用层次聚类方法的基本思想，通过层次法（hierarchical methods）对给定的

---

① 龚娜，罗芳洲.“城市软实力”综合评价指标体系的构建及其评价方法[J].沈阳教育学院学报，2008，10(06)：28-31.

② 陶建杰.城市软实力综合评价指标体系研究[J].中共宁波市委党校学报，2010，32(04)：62-67.

③ 傅祖栋.长三角城市软实力评价体系的构建及实证分析[J].宁波经济(三江论坛)，2014(06)：40-43.

④ 郭春燕，朱孔来.城市软实力评价指标体系和测度方法的实证研究——以山东省 17 市为例[J].西安财经学院学报，2014，27(04)：79-85.

⑤ 丁爱侠.城市软实力评价指标体系的构建[J].学理论，2015 (29)：36-37.

数据集进行层次似的分解,从而形成媒体分层议题。

通过 Factiva、Meltwater 数据库分别对 2017—2021 年间标题涉及纽约、巴黎、伦敦、东京、新加坡、上海的文本进行检索,再通过人工编码,分别对聚合的关键词进行归类,如表 4-3 纽约媒体报道主题分布、表 4-4 巴黎媒体报道主题分布、表 4-5 伦敦媒体报道主题分布、表 4-6 东京媒体报道主题分布、表 4-7 新加坡媒体报道主题分布、表 4-8 上海媒体报道主题分布所示,再对上述 6 各城市的媒体报道主题进行汇总,得到如表 4-9 所示的 6 个城市的总体报道主题分布及占比,以此作为全球城市软实力的一级指标及评分占比。

表 4-3　媒体报道纽约(New York)的主题分布

新闻主题	主题数量	人工主题分类
企业/工业新闻	70697	金融和商业服务
新闻发布	68831	国际形象推广
体育	60773	体育
文艺/娱乐	55224	文化
政治/综合新闻	50179	政治
国内政治	42141	政治
新型冠状病毒	29460	医疗卫生
传染病/流行病暴发	28872	医疗卫生
电影	28130	文化
外交关系/事务	27810	政治
音乐	27233	文化
名人新闻	26498	国际形象推广
通讯社稿件	24841	国际形象推广
犯罪/法律行动	22979	城市管理与服务
分析师评论/建议	22326	金融和商业服务
书面记录	17992	未归类
企业收益	17467	金融和商业服务
电视/广播	16184	文化
艺术	15388	文化
政府行政部	14000	城市管理与服务

（续表）

新闻主题	主题数量	人工主题分类
收购/合并/股权	13670	金融和商业服务
书籍	13647	文化
公司罪案/法律诉讼	12443	金融和商业服务
生活品味	12396	城市管理与服务
棒球	12321	体育
足球	11748	体育
评论/观点	11509	未归类
管理层变动	11386	城市管理与服务
收购/合并	11078	金融和商业服务
高级管理层	10789	金融和商业服务
证券市场	10360	金融和商业服务
性侵犯 / 强奸	10144	城市管理与服务
冰上曲棍球	10049	体育
时装	9857	文化
网球	9379	体育
新产品/服务	9242	研究与创新
股权资产类别新闻	8771	金融和商业服务
企业融资	8606	金融和商业服务
卫生/医药	8509	医疗卫生
原油市场	8449	金融和商业服务
企业债券	8306	金融和商业服务
篮球	8108	体育
政治 / 国际关系	8008	政治
外汇市场	7924	金融和商业服务
音乐会	7596	文化
气候变化	7027	生态环境
军事行动	6618	军事
图像	6592	未归类
专栏	6410	国际形象推广

（续表）

新闻主题	主题数量	人工主题分类
恐怖活动	6332	城市管理与服务
剧场	6318	文化
摘要	6101	未归类
企业行动	5931	金融和商业服务
财务业绩	5696	金融和商业服务
教育	5687	教育
首次公开募股	5656	金融和商业服务
企业信用评级	5360	金融和商业服务
评介	5354	未归类
节庆	5349	文化
免疫注射	5184	医疗卫生
食物/饮料	5131	金融和商业服务
经济新闻	5126	经济
奖项	5067	国际知名度
集体诉讼	5043	城市管理与服务
股价波动/股票交易受干扰	4888	金融和商业服务
国内区域政策	4878	城市管理与服务
会议/商展	4838	对外交流
人权/公民自由	4708	城市管理与服务
谋杀/误杀	4621	城市管理与服务
时装设计	4434	医疗卫生
伙伴关系/合作	4428	金融和商业服务
旅游	4393	文化
宗教	4314	文化
自然环境	4245	生态环境
规则/政府方针	4143	城市管理与服务
专访	4134	国际形象推广
金融商品市场新闻	4121	金融和商业服务
新闻摘要	3926	国际形象推广

（续表）

新闻主题	主题数量	人工主题分类
头版新闻	3870	国际形象推广
时装表演/活动	3870	文化
社交媒体	3842	国际形象推广
环球/世界问题	3815	政治
证券申报	3757	金融和商业服务
可持续发展	3682	生态环境
管理层事务	3584	城市管理与服务
癌症	3563	医疗卫生
销售数字	3479	金融和商业服务
科学/人文科学	3403	教育
皇室	3394	文化
能源市场	3318	金融和商业服务
医疗状况	3282	医疗卫生
黄金市场	3243	金融和商业服务
讣闻	3173	未归类
公司股权变更	3151	金融和商业服务
人类迁徙	3103	交通
市场调查	3092	金融和商业服务
专利权	3081	研究与创新
例行一般新闻	3057	未归类
体育机构	2992	体育
骚扰	2907	城市管理与服务

表 4-4　巴黎(Paris)媒体报道主题分布

新闻主题	主题数量	人工主题分类
体育	164336	体育
足球	121979	体育
气候变化	54653	生态环境
国内政治	48796	政治

(续表)

新闻主题	主题数量	人工主题分类
政治/综合新闻	45168	政治
文艺/娱乐	38997	文化
企业/工业新闻	35940	金融和商业服务
传染病/流行病暴发	28601	医疗卫生
新型冠状病毒	28239	医疗卫生
书面记录	28111	未归类
外交关系/事务	26611	政治
通讯社稿件	26219	国际形象推广
新闻发布	25230	国际形象推广
政府行政部	24309	城市管理与服务
音乐	21627	文化
网球	20118	体育
犯罪/法律行动	18206	城市管理与服务
电影	17901	文化
艺术	17452	文化
自然环境	15577	生态环境
证券市场	15037	金融和商业服务
时装	14212	文化
名人新闻	13578	国际形象推广
卫生/医药	12802	医疗卫生
书籍	11605	教育
评论/观点	11590	未归类
生活品位	9806	城市管理与服务
奥林匹克运动会	9745	体育
讣闻	9374	未归类
收购/合并/股权	9307	金融和商业服务
政治 / 国际关系	9181	政治
图像	8551	未归类
头版新闻	8539	未归类

（续表）

新闻主题	主题数量	人工主题分类
电视/广播	8125	国际形象推广
国内区域政策	7479	城市管理与服务
体育机构	7143	体育
恐怖活动	7004	城市管理与服务
新产品/服务	6531	研究与创新
音乐会	6477	文化
剧场	6457	文化
时装设计	6334	文化
企业收益	6027	金融和商业服务
专利权	5941	研究与创新
教育	5879	教育
时装表演/活动	5750	文化
经济新闻	5471	经济
空气污染	5455	生态环境
评介	5382	未归类
旅游	5370	文化
环球/世界问题	5352	政治
高山滑雪	5157	体育
免疫注射	4980	医疗卫生
科学/人文科学	4950	教育
规则/政府方针	4897	城市管理与服务
可持续发展	4790	生态环境
收购/合并	4768	金融和商业服务
脚踏车运动	4743	体育
冬季运动	4713	体育
欧元区/欧元	4712	金融和商业服务
会议/商展	4666	对外交流
奖项	4609	国际形象推广
股权资产类别新闻	4516	金融和商业服务

（续表）

新闻主题	主题数量	人工主题分类
节庆	4414	文化
管理层变动	4374	城市管理与服务
外汇市场	4320	金融和商业服务
高级管理层	4193	城市管理与服务
全国 / 总统选举	4032	城市管理与服务
选举	4013	城市管理与服务
新闻摘要	3995	国际形象推广
皇室	3991	文化
食物/饮料	3924	金融和商业服务
宗教	3870	文化
摘要	3629	未归类
原油市场	3615	金融和商业服务
专访	3439	国际形象推广
篮球	3408	体育
医疗状况	3401	医疗卫生
谋杀/误杀	3371	城市管理与服务
军事行动	3166	军事
空气/水/土地素质	3152	生态环境
学校	3146	教育
手球运动	3035	体育
大学/ 学院	2910	教育
卫生/社会服务部	2904	医疗卫生
性侵犯 / 强奸	2884	城市管理与服务
贪污	2880	城市管理与服务
伙伴关系/合作	2871	金融和商业服务
公司罪案/法律诉讼	2845	城市管理与服务
人类迁徙	2842	交通
历史学	2717	教育
例行一般新闻	2688	未归类

（续表）

新闻主题	主题数量	人工主题分类
专栏	2669	国际形象推广
财务业绩	2652	金融和商业服务
销售数字	2627	金融和商业服务
气象	2627	生态环境
读者来信	2588	未归类
经济状况	2586	经济
生产能力/设备	2570	金融和商业服务
内乱	2547	城市管理与服务
交通意外	2525	交通

表 4-5 媒体报道伦敦(London)的主题分布

新闻主题	主题数量	人工主题分类
足球	10284	体育
自然环境	2852	生态环境
专利权	26947	研究与创新
主要电讯新闻	2988	国际形象推广
知识产权	7455	研究与创新
政治/综合新闻	20248	政治
政治 / 国际关系	2950	政治
政府行政部	8056	城市管理与服务
证券市场	40427	金融和商业服务
债券市场	3422	金融和商业服务
摘要	2802	未归类
原油市场	3030	金融和商业服务
有色金属市场	4663	金融和商业服务
音乐	3300	文化
艺术	4933	文化
医学研究	22572	医疗卫生
医疗状况	3892	医疗卫生

（续表）

新闻主题	主题数量	人工主题分类
医疗法/程序	6352	医疗卫生
衍生金融工具市场	2924	金融和商业服务
研究与开发	15844	研究与创新
新型冠状病毒	31315	医疗卫生
新闻发布	38968	国际形象推广
新产品/服务 测试	3791	研究与创新
新产品/服务	12181	研究与创新
销售数字	4344	金融和商业服务
物理学	3585	教育
文艺/娱乐	5724	文化
卫生/医药	15240	医疗卫生
网球	8817	体育
外交关系/事务	22054	政治
外汇市场	2853	金融和商业服务
外国直接投资	5363	金融和商业服务
图像	2652	未归类
统计表	2766	未归类
铜市场	3265	金融和商业服务
通讯社稿件	10683	国际形象推广
体育	33890	体育
书面记录	2586	未归类
首次公开募股	9383	金融和商业服务
收购/合并/股权	11662	金融和商业服务
收购/合并	7272	金融和商业服务
实物贸易	3906	经济
时装	3505	文化
生物科技	3097	研究与创新
生活品位	4203	城市管理与服务
生产能力/设备	8732	研究与创新

（续表）

新闻主题	主题数量	人工主题分类
设施开张	6385	金融和商业服务
赛车运动	3419	体育
赛车活动	6633	体育
人工智能/机器学习	3265	研究与创新
汽车	3361	金融和商业服务
企业债券	14166	金融和商业服务
企业信用评级	3002	金融和商业服务
企业收益	13972	金融和商业服务
企业融资	8005	金融和商业服务
企业行动	6454	金融和商业服务
企业策略/计划	4378	金融和商业服务
企业/工业新闻	89504	金融和商业服务
评论/观点	3035	未归类
评级	3030	未归类
女性的健康	2786	医疗卫生
纳米科技	11836	研究与创新
贸易壁垒/限制	5924	经济
旅游	4884	文化
篮球	3031	体育
可持续发展	3301	生态环境
科学/人文科学	49041	研究与创新
经济状况	2859	经济
经济增长/衰退	2962	经济
经济新闻	5915	经济
金属市场	4528	金融和商业服务
金融商品市场新闻	7948	金融和商业服务
节庆	3329	文化
教育	6229	教育
交通/运输	2951	交通

（续表）

新闻主题	主题数量	人工主题分类
伙伴关系/合作	5438	金融和商业服务
会议/商展	14496	对外交流
化学	10871	研究与创新
合资公司/联盟	4718	金融和商业服务
合约/订单	2814	金融和商业服务
过于肥胖症	2858	医疗卫生
国内政治	18309	政治
国内区域政策	3705	城市管理与服务
规则/政府方针	6478	城市管理与服务
管理层变动	4404	城市管理与服务
固定收益资产类别新闻	4723	金融和商业服务
股权资产类别新闻	18010	金融和商业服务
股票资金	4492	金融和商业服务
股价波动/股票交易受干扰	5122	金融和商业服务
公司简介	20004	金融和商业服务
公司股权变更	3330	金融和商业服务
高级管理层	4590	城市管理与服务
犯罪/法律行动	6445	城市管理与服务
定价	3022	城市管理与服务
电影	4210	文化
大学/ 学院	5398	教育
传染病/流行病暴发	30299	医疗卫生
产量/生产	3079	金融和商业服务
财务业绩	5245	金融和商业服务
癌症	16267	医疗卫生

表 4-6　媒体报道东京（Tokyo）的主题分布

新闻主题	主题数量	人工主题分类
体育	117693	体育

（续表）

新闻主题	主题数量	人工主题分类
奥林匹克运动会	62454	体育
专利权	24222	研究与创新
企业/工业新闻	23971	金融和商业服务
田径	12428	体育
新型冠状病毒	10484	医疗卫生
新闻发布	10178	国际形象推广
足球	9509	体育
传染病/流行病暴发	9503	医疗卫生
政治/综合新闻	9409	政治
国内政治	7925	政治
篮球	7179	体育
残疾人奥运会	7168	体育
游泳活动	6867	体育
身体/心理健康	6517	医疗卫生
新闻摘要	6068	国际形象推广
格斗体育	5899	体育
水上运动	5726	体育
文艺/娱乐	5556	文化
网球	5451	体育
脚踏车运动	5033	体育
知识产权	4681	研究与创新
拳击运动	4642	体育
证券市场	4187	金融和商业服务
政府行政部	3899	城市管理与服务
通讯社稿件	3806	国际形象推广
金融商品市场新闻	3719	金融和商业服务
体操活动	3604	体育
外交关系/事务	3594	政治
橄榄球联盟	3514	体育

（续表）

新闻主题	主题数量	人工主题分类
图像	3316	未归类
禁药 / 药物检验	3234	体育
排球	3177	体育
财务业绩	3087	金融和商业服务
新产品/服务	3079	研究与创新
收购/合并/股权	3005	金融和商业服务
电视/广播	2866	文化
草地曲棍球	2863	体育
书面记录	2770	未归类
液化石油/气市场	2735	金融和商业服务
体育机构	2732	体育
犯罪/法律行动	2675	城市管理与服务
股价波动/股票交易受干扰	2552	金融和商业服务
原油市场	2473	金融和商业服务
电影	2424	文化
原油/天然气产品市场	2404	金融和商业服务
音乐	2358	文化
企业收益	2325	金融和商业服务
划船比赛	2203	体育
羽毛球	2176	体育
债券市场	2121	金融和商业服务
手球运动	2089	体育
收购/合并	2059	金融和商业服务
经济增长/衰退	2049	经济
柔道	2032	体育
国内区域政策	1989	城市管理与服务
卫生/医药	1920	医疗卫生
艺术	1829	文化
力量运动	1624	体育

（续表）

新闻主题	主题数量	人工主题分类
快艇运动	1572	体育
射击运动	1556	体育
伙伴关系/合作	1512	金融和商业服务
免疫注射	1511	医疗卫生
政府债务	1504	金融和商业服务
名人新闻	1499	国际形象推广
生活品位	1476	城市管理与服务
马术运动	1476	体育
乒乓球	1475	体育
高级管理层	1454	城市管理与服务
管理层变动	1448	城市管理与服务
欧元区/欧元	1444	金融和商业服务
马拉松赛跑	1433	体育
头版新闻	1420	未归类
棒球	1337	体育
评论/观点	1333	未归类
专访	1325	国际形象推广
管理层事务	1316	城市管理与服务
股权资产类别新闻	1312	金融和商业服务
外汇市场	1306	金融和商业服务
高尔夫球	1293	体育
教育	1272	教育
经济新闻	1260	经济
工业生产数据	1188	金融和商业服务
政府债券/票据市场	1184	金融和商业服务
三项运动全能比赛	1163	体育
能源市场	1163	金融和商业服务
通货膨胀数据/价格指数	1114	金融和商业服务
政治 / 国际关系	1102	政治

（续表）

新闻主题	主题数量	人工主题分类
冬季运动	1085	体育
极限运动	1083	体育
科学/人文科学	1035	教育
政府机构	1025	城市管理与服务
设施开张	1017	金融和商业服务
音乐会	997	文化
生产能力/设备	991	金融和商业服务
专栏	989	国际形象推广
食物/饮料	988	金融和商业服务
会议/商展	984	对外交流
经济状况	954	金融和商业服务
节庆	948	文化

表 4-7　媒体报道新加坡(Singapore)的主题分布

新闻主题	主题数量	人工主题分类
足球	1807	体育
专利权	4631	研究与创新
专栏	1083	国际形象推广
中小型企业	1194	金融和商业服务
知识产权	1388	研究与创新
政治/综合新闻	10055	政治
政治 / 国际关系	1458	政治
政府机构	1100	城市管理与服务
政府行政部	4950	城市管理与服务
证券市场	4471	金融和商业服务
摘要	1856	未归类
原油市场	6943	金融和商业服务
原油/天然气产品市场	1445	金融和商业服务
有形资产交易	1189	金融和商业服务

（续表）

新闻主题	主题数量	人工主题分类
液化石油/气市场	3195	金融和商业服务
衍生金融工具市场	1181	金融和商业服务
新型冠状病毒	10462	医疗卫生
新闻发布	12243	国际形象推广
新产品/服务	4487	金融和商业服务
销售数字	1362	金融和商业服务
文艺/娱乐	1204	文化
卫生/医药	1949	医疗卫生
外交关系/事务	12709	金融和商业服务
外汇市场	1919	金融和商业服务
通讯社预报	2246	国际形象推广
通讯社稿件	2021	国际形象推广
体育	9243	体育
私募股权/风险投资	2014	金融和商业服务
首次公开募股	1382	金融和商业服务
收购/合并/股权	12378	金融和商业服务
收购/合并	7595	金融和商业服务
市场论坛	1117	金融和商业服务
实物贸易	2815	经济
时事览表	3323	国际形象推广
石油化学品市场	11753	金融和商业服务
石脑油市场	1413	金融和商业服务
生活品味	1592	城市管理与服务
生产能力/设备	11376	金融和商业服务
设施开张	1966	金融和商业服务
设施关闭	4441	金融和商业服务
赛车活动	1503	体育
燃油市场	1114	金融和商业服务
企业债券	1923	金融和商业服务

（续表）

新闻主题	主题数量	人工主题分类
企业信用评级	1916	金融和商业服务
企业收益	4509	金融和商业服务
企业融资	5196	金融和商业服务
企业奖	1278	金融和商业服务
企业行动	3693	金融和商业服务
企业策略/计划	2313	金融和商业服务
企业/行业进口	5573	金融和商业服务
企业/行业出口	3862	金融和商业服务
企业/工业新闻	32748	金融和商业服务
评论/观点	2218	未归类
评级	1533	城市管理与服务
能源市场	10596	金融和商业服务
免疫注射	1206	医疗卫生
贸易壁垒/限制	2716	经济
旅游	3170	文化
科学/人文科学	2916	教育
经济状况	1171	经济
经济增长/衰退	1250	经济
经济新闻	2560	经济
金融商品市场新闻	1736	金融和商业服务
教育	1776	教育
交通/运输	1354	交通
伙伴关系/合作	2768	金融和商业服务
会议/商展	1629	对外交流
核武计划	2101	军事
合资公司/联盟	1785	金融和商业服务
合约/订单	1908	金融和商业服务
合同招标	4691	金融和商业服务
国内政治	11239	政治

（续表）

新闻主题	主题数量	人工主题分类
国内区域政策	1153	城市管理与服务
国际拓展(设施)	1104	城市管理与服务
规则/政府方针	2234	城市管理与服务
管理层变动	4396	城市管理与服务
固定收益资产类别新闻	1676	金融和商业服务
股权资产类别新闻	5578	金融和商业服务
股票资金	1888	金融和商业服务
股票交易干扰	2322	金融和商业服务
股价波动/股票交易受干扰	3005	金融和商业服务
公司罪案/法律诉讼	1615	城市管理与服务
公司简介	7720	金融和商业服务
公司股权变更	2932	金融和商业服务
高级管理层	3380	城市管理与服务
分析师评论/建议	1075	金融和商业服务
非政府合约/订单	1599	金融和商业服务
犯罪/法律行动	3197	城市管理与服务
多轮融资	1854	金融和商业服务
董事局	1112	金融和商业服务
定价	1132	城市管理与服务
电影	1471	文化
道琼斯市场论坛	1107	金融和商业服务
大学/ 学院	1110	教育
船只燃料市场	2726	金融和商业服务
传染病/流行病暴发	9665	医疗卫生
撤资	1208	金融和商业服务
产量/生产	1492	金融和商业服务
财务业绩	1700	金融和商业服务
癌症	1036	医疗卫生

表 4-8　媒体报道上海(Shanghai)的主题分布

新闻主题	主题数量	人工主题分类
足球	3333	体育
专利权	4263	研究与创新
知识产权	1735	研究与创新
政治/综合新闻	5018	政治
政治 / 国际关系	663	政治
政府债务	371	城市管理与服务
政府行政部	2028	城市管理与服务
证券市场	8775	金融和商业服务
债券市场	465	金融和商业服务
摘要	460	未归类
原油/天然气产品市场	498	金融和商业服务
有色金属市场	899	金融和商业服务
音乐会	286	文化
音乐	626	文化
艺术	717	文化
医学研究	309	医疗卫生
液化石油/气市场	501	金融和商业服务
衍生金融工具市场	807	和商业服务
研究与开发	453	研究与创新
新型冠状病毒	2395	医疗卫生
新闻摘要	1039	未归类
新闻发布	3689	国际形象推广
新产品/服务	1744	研究与创新
新产品/服务 测试	345	研究与创新
销售数字	550	金融和商业服务
橡胶市场	388	金融和商业服务
文艺/娱乐	1349	文化
卫生/医药	677	医疗卫生
网球	3055	体育

（续表）

新闻主题	主题数量	人工主题分类
外交关系/事务	6423	政治
外汇市场	323	经济
图像	549	未归类
头版新闻	376	未归类
铜市场	606	金融和商业服务
通讯社稿件	2094	国际形象推广
通货膨胀数据/价格指数	324	经济
田径		体育
体育机构	300	体育
体育	10066	体育
私募股权/风险投资	378	金融和商业服务
书面记录	1432	未归类
书籍	290	文化
首次公开募股	436	金融和商业服务
收购/合并/股权	1470	金融和商业服务
收购/合并	908	金融和商业服务
食物/饮料	379	金融和商业服务
时装	534	文化
生活品味	604	城市管理与服务
生产能力/设备	646	研究与创新
设施开张	547	金融和商业服务
赛车运动	416	文化
赛车活动	871	体育
人工智能/机器学习	305	科技
汽车	561	金融和商业服务
企业债券	552	金融和商业服务
企业收益	1304	金融和商业服务
企业融资	801	金融和商业服务
企业行动	471	金融和商业服务

（续表）

新闻主题	主题数量	人工主题分类
企业策略/计划	500	金融和商业服务
企业/工业新闻	7498	金融和商业服务
评论/观点	498	未归类
名人新闻	317	国际形象推广
旅游	364	文化
例行天气报告	1264	城市管理与服务
篮球	527	体育
恐怖活动	1315	城市管理与服务
科学/人文科学	978	研究与创新
经济增长/衰退	712	金融和商业服务
经济新闻	518	金融和商业服务
金属市场	734	金融和商业服务
金融商品市场新闻	1047	金融和商业服务
节庆	349	文化
教育	873	教育
伙伴关系/合作	610	金融和商业服务
会议/商展	1299	对外交流
合资公司/联盟	337	经济
合约/订单	459	金融和商业服务
国内政治	4204	政治
国内区域政策	348	城市管理与服务
国防部	472	军事
规则/政府方针	338	城市管理与服务
管理层事务	493	城市管理与服务
管理层变动	805	金融和商业服务
固定收益资产类别新闻	380	金融和商业服务
股息	346	金融和商业服务
股权资产类别新闻	1127	金融和商业服务
股票资金	395	金融和商业服务

（续表）

新闻主题	主题数量	人工主题分类
股价波动/股票交易受干扰	940	金融和商业服务
公司股权变更	364	金融和商业服务
高级管理层	661	金融和商业服务
高尔夫球	652	体育
犯罪/法律行动	839	城市管理与服务
多轮融资	294	经济
董事局	295	经济
电影	839	文化
电视/广播	406	媒体
大学/ 学院	1108	教育
传染病/流行病暴发	2286	医疗卫生
财务业绩	965	金融和商业服务
癌症	443	医疗卫生

表 4-9　媒体报道纽约、巴黎、伦敦、东京、新加坡、上海的主题分布及占比

新闻主题	报道数量	占比
金融和商业服务	1044114	23.9182%
体育	849948	19.4703%
文化	412227	9.4431%
政治	391712	8.9732%
医疗卫生	356175	8.1591%
国际形象推广	339209	7.7705%
城市管理与服务	301132	6.8982%
研究与创新	226325	5.1846%
其他分类	168368	3.8569%
生态环境	107361	2.4594%
教育	65599	1.5027%
经济	50143	1.1487%
对外交流	27912	0.6394%

（续表）

新闻主题	报道数量	占比
交通	12775	0.2926%
军事	12357	0.2831%

通过文本分类得到了全球城市软实力一级指标，二、三级指标提取则采用基于深度学习的主题建模方法 BERTopic 话题建模技术，BERTopic 是基于 BERT 词向量进行主题建模技术，BERTopic 的主要思路是寻找文本整体的 BERT 特征向量，然后对各文本特征在样本空间中做聚类，找到主题（topic），再基于 TF-IDF 模型寻找每个主题的关键词，最后寻找主题在每个时间段的关键词表示。具体来说利用 Transformer 和 c-TF-IDF 来创建密集的集群（分类），通过 UMAP 算法进行数据降维，采用基于密度的聚类技术 HDBSCAN 进行聚类，将媒体文档嵌入进行聚类[①]，语义相近的语句将聚集成簇群，并绘制经由层次聚类算法得出的层次聚类结果（见图 4-4）。

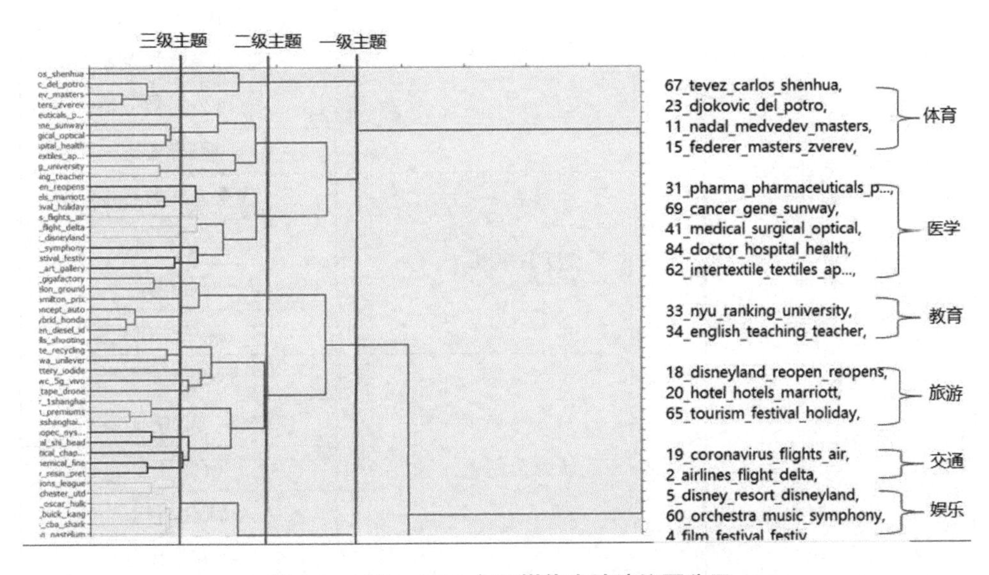

图 4-4　2017—2021 年间媒体中涉沪议题分层

从主题层次聚类图可见，从左向右依次是三级主题、二级主题及一级主题，形

① Grootendorst M. BERTopic: Neural topic modeling with a class-based TF-IDF procedure[EB/OL]. [2023-04-01].https://doi.org/10.48550/arXiv.2203.05794.

成一个树状主题结构，一级主题由相关联的二级主题聚合而成，二级主题则是由三级主题聚合而成。如图 4-4，左侧为每一个主题的一组关键词构成，中间为主题之间的层级关系；右侧所示，体育由足球、网球等所组成，也包含一些体育赛事。同样也对 Twitter 信息进行主题层次聚类，通过对国际媒体及社交媒体 Twitter 议题归类，并进行人工编码，汇总为合并指标，除去一些城市硬实力指标，城市软实力指标可分城市经济（商业活动）、城市文化、城市居住环境、城市国际形象等为一级指标，最终 4 个一级指标下设 18 个二级指标，及相应的三级指标（见表 4-10）。

表 4-10　国际主流媒体涉沪议题与元素

一级指标	二级指标	三级指标
城市经济（商业活动）	金融和商业服务	期货交易所
		证券交易所
		银行
		保险
	经济影响力	GDP 增长率
		跨国公司总部
		世界 500 强企业
		上市公司数股值
		吸引外资数
	投资环境	优秀人才留存度
		公司税率
		商业风险
		薪资水准
	研究与创新	研究人员数
		专利数
		研发经费
		研究机构
		创新公司数

（续表）

一级指标	二级指标	三级指标
城市文化	文化号召力	非遗（传统文化）数
		文艺活动数
		常住知名艺人数
		名店（酒吧、商场）
		文化产业值
	文旅设施（人均数）	五星酒店
		体育场馆
		博物馆
		名胜古迹
		世界文化遗产数
		景点
		艺术场馆数（剧院、影院）
		图书馆
	文化交流	国际体育赛事数
		对外交流次数
		国际会展数
城市居住环境	交通	航空（国际航线）
		港口（国际航线）
		陆路（国际航线）
		有轨地铁
		过境旅客
	教育	世界名校（211、985 大学）
		双一流（一流学科）数
		在校学生人数
		博硕人数
	城市管理与服务	对政府服务满意度
		数字化服务水平
		公务员平均学历
		刑事发案率

（续表）

一级指标	二级指标	三级指标
城市居住环境	生态环境	城市森林覆盖率
		人均公共绿地
		湖泊数
		年均空气 PM2.5 值
		CO_2 含量
		碳中和
		城市污水处理率
	医疗卫生	人口/医院
		个人幸福感
		医学研究机构（大学）
城市国际形象	国际知名度	城市日均搜索次数
		社交媒体提及数
		主流媒体提及数
	国际美誉度	境外民众满意度
		境外媒体满意度
	国际形象推广	外宣媒体数
		形象大使
	城市国际吸引力	吸引境外游客数
		常住外国人数
		国际留学生人数
	国际区域影响力	国际机构
		国际会议
		国际媒体记者数量

具体而言，城市经济（商业活动）下设金融和商业服务、经济影响力、投资环境、研究与创新等 4 个二级指标；城市居住环境下设交通、教育、城市管理与服务、生态环境、医疗卫生等 5 个二级指标；城市文化下设文化号召力、文化设施、文化交流等 3 个二级指标；城市国际形象下设国际知名度、国际美誉度、国际形象推广、城市国际吸引力、国际区域影响力等 5 个二级指标；相应的二级指标下设不同数量的三级指标。

二、权重设置

全球城市软实力指标权重设置主要结合熵值法、用户配比法，以设定各级指标的具体权重。根据国际主流媒体及社交媒体议题关注度以及用户情感等要素占比赋予相应的权重，4 个一级指标经过熵值法计算，最终权重分别为 33.25%、31.55%、19.31%、15.89%，二级指标和三级指标的权重设置主要依据不同媒体的议题关注度占比比例，逐一赋予权重进行量化统计和分析。其中，二级权重比例为 44.35%、5.59%、18.37%、31.68%，以此为基础设置权重；国际媒体和基于专家法设置 3∶1 比例赋予权重。最终各级指标相应的权重设置如表 4-11 所示。

表 4-11　全球城市软实力指标权重设置

一级指标	二级指标	三级指标	三级权重	二级权重	一级权重
城市经济（商业活动）	金融和商业服务	期货交易所	17%	12%	33.25%
		证券交易所	32%		
		银行	30%		
		保险	21%		
	经济影响力	GDP 增长率	15%	37%	
		跨国公司总部	24%		
		世界 500 强企业	18%		
		上市公司数股值	17%		
		吸引外资数	26%		
	投资环境	优秀人才留存度	25%		
		公司税率	22%	28%	
		商业风险	29%		
		薪资水准	24%		
	研究与创新	研究人员数	15%		
		专利数	23%	23%	
		研发经费	18%		
		研究机构	17%		
		创新公司数	27%		

（续表）

一级指标	二级指标	三级指标	三级权重	二级权重	一级权重
城市文化	文化号召力	非遗（传统文化）数	13%	33%	31.55%
		文艺活动数	26%		
		常住知名艺人数	19%		
		名店（酒吧、商场）	17%		
		文化产业值	25%		
	文旅设施（人均数）	五星酒店	16%	29%	
		体育场馆	7%		
		博物馆	17%		
		名胜古迹	14%		
		世界文化遗产数	16%		
		景点（公园）	11%		
		艺术场馆数（剧院、影院）	12%		
		图书馆	7%		
	文化交流	国际体育赛事数	44%	38%	
		对外交流次数	18%		
		国际会展数	38%		
城市居住环境	交通	航空（国际航线）	33%	21%	
		港口（国际航线）	26%		
		陆路（国际航线）	11%		
		有轨地铁	25%		
		过境旅客	5%		
	教育	世界名校（211、985大学）	43%	18%	
		双一流（一流学科）数	26%		
		在校学生人数	21%		
		博硕人数	10%		

（续表）

一级指标	二级指标	三级指标	三级权重	二级权重	一级权重
城市居住环境	城市管理与服务	对政府服务满意度	38%	26%	19.31%
		数字化服务水平	16%		
		公务员平均学历	13%		
		刑事发案率	33%		
	生态环境	城市森林覆盖率	23%	18%	
		人均公共绿地	11%		
		湖泊数	9%		
		年均空气 PM2.5 值	26%		
		CO_2含量	13%		
		碳中和	11%		
		城市污水处理率	7%		
	医疗卫生	人口/医院	56%	17%	
		个人幸福感	21%		
		医学研究机构(大学)	23%		
城市国际形象	国际知名度	城市日均搜索次数	15%	28%	15.89%
		社交媒体提及数	33%		
		主流媒体提及数	52%		
	国际美誉度	境外民众满意度	33%	12%	
		境外媒体满意度	67%		
	国际形象推广	外宣媒体数	63%	16%	
		形象大使	37%		
	城市国际吸引力	吸引境外游客数	29%	15%	
		常住外国人数	37%		
		国际留学生人数	34%		
	国际区域影响力	国际会议	39%	29%	
		国际媒体记者数量	33%		
		国际机构	28%		

第四节　评估指标比较评析

将众多机构发布的国际城市排行报告纳入讨论取决于提供了完整评价指标以及详细的指标权重，进一步提高了城市评价排名的客观性与透明度。探究全球一线城市国际形象构建的进程，分析城市的整体排名并不是任务的核心。相反，通过对城市国际形象指标的对比分析，可以为城市如何建设成为卓越的全球一线城市提供参考和借鉴。本研究从商业经济、文化旅游、资源环境三个要素维度的共性特征中寻找差异（见表 4-12）。

在商业经济维度上，对于指标自身的选择反映了每个排行报告的评价倾向。《全球城市指数》通过大型全球公司总部的存在来衡量部分商业活动，而《机遇之城》则专注于世界 500 强公司的总部的数量，前者入选的标准由公司经营收入决定，后者以多维度指标衡量，存在着量和质的区别。在国民生产总值方面，《热点 2025》关注 GDP 的总量，而《机遇之城》则关注 GDP 的实际增长率，由于一些亚洲及南美洲的城市经济总量较低，GDP 实际增速相对于传统发达城市高，实际上给予了新兴城市挤进榜单的机会。《全球城市指数》将空运和海运两个可量化的指标作为商业活动的重要考量，说明其更加侧重于评估目标城市在全球贸易与供应链的地位。

表 4-12　不同评估体系的指标类别

指标类型	商业经济		
评价主体	Cities of Opportunity 7 （《机遇之城》第七版）	Hot spots 2025 （《热点 2025》）	Global Cities Index （《全球城市指数》）
一级指标	经济影响力	经济实力	商业活动
二级指标	世界 500 强总部数量	实际 GDP	财富 500 强
	就业增长	人均实际国内生产总值	全球顶级服务公司
	金融和商业服务就业	家庭年消费＞14 000 美元	资本市场
	吸引外国直接投资	区域市场一体化	空运
	生产力		海运
	实际 GDP 增长率		ICCA 会议
			独角兽公司

（续表）

指标类型	文化旅游		
评价主体	the Global Power City Index（《全球城市影响力指数》）	Hot spots 2025（《热点 2025》）	Global Cities Index（《全球城市指数》）
一级指标	文化互动	社会文化特征	文化体验
二级指标	引领潮流的潜力	言论自由和人权	博物馆
	旅游资源	开放性和多样性	视觉和表演艺术
	文化设施	社会存在的犯罪	体育事件
	游客设施	文化活力	国际旅客
	国际互动		美食
指标类型	资源环境		
评价主体	the Global Power City Index（《全球城市影响力指数》）	Cities of Opportunity 7（《机遇之城》第七版）	Sustainable Cities Index（《可持续城市指数》）
一级指标	对气候行动的承诺	可持续性和自然环境	能源消耗
二级指标	可再生能源率	自然灾害暴露	可再生消费
	废物回收率	自然灾害预警	空气污染
	人均二氧化碳排放量	热舒适	温室气体排放
	城市绿化	回收废物	饮用水
	城市清洁度的满意度	空气污染	公共卫生
		公共公园空间	

在文化旅游维度，由于每个一级指标的权重是有差别的，因此试图定义具体指标的类别归属可能会导致衡量城市软实力的表现出现偏差。《热点 2025》认为“社会存在的犯罪”属于城市社会文化特征的范围，但《全球城市影响力指数》将“谋杀案数量”列入生活宜居指标，强调居住的安保和安全性，同时通过统计目标城市每百万人口中每年的谋杀案，在数据上更能量化。而前者针对的只是犯罪案件数量，由于每个城市所在的国家对于犯罪范围的定义不同，因此可能在统计结果上出现偏差。《全球城市指数》倾向统计博物馆、视觉和表演艺术、体育事件等吸引人流的旅游资源，结合文化体验，最终通过外国游客人数直观反映目标城市的文化吸引力。《全球城市影响力指数》亦采取类似的做法，此外在指标的设置上，在大多数评价报告设定了二级指标的情况下，《全球城市影响力指数》采取三级分类指标，分类指标具体细化有利于明确各自的评价范围的边界，不论是从具体的描述还是整体的评价，都进一步增强了报告的说服力。同时，三级分类指标对调查人员提出了更高的挑战，作者对样本城市的认知

水平和熟悉程度亦成为影响评价研究的重要因素。

在资源环境维度,《可持续城市指数》通过在社会、环境和经济部分下的一系列指标对来自 31 个国家 50 个城市进行排名,以评估每个城市发展的可持续性,由于选取指标更符合资源环境这一维度的要求,因此将其纳入并对具体指标进行横向比较。在空气污染指标的数据来源上,《可持续城市指数》和《机遇之城》存在差别。前者选择世界卫生组织环境空气污染数据库的目标城市细颗粒物年平均浓度作为唯一数据源,后者采取世界卫生组织(WHO)对 10 微米 (PM10) 室外空气污染水平的测量结果与每个城市总体污染的 Numbeo 污染指数相结合的方式决定该项指标最后呈现。《可持续城市指数》选择延长的数据形成的时间维度,而《机遇之城》则采取双数据加权结合的方法,以减少单一年份数据波动对空气污染指标的影响。《全球城市影响力指数》在指标的设置上比较务实全面,既有可再生能源率、废物回收率、人均二氧化碳排放量、城市绿化等是否属于资源环境友好型城市的客观指标,亦有城市清洁度的满意度反映城市居民对居住环境是否满意的主观指标。同时在更高层面的宏观维度上,将对气候行动的承诺纳入评价范围。

随着媒介对大众生活的全面渗透,城市形象的构建越来越依赖于媒介,媒体已成为人们形塑城市形象的主要认知来源,来自媒体传播的间接经验以及主体的价值信念、期望、需求等因素成为形塑城市形象的重要因素,当下媒体多元的媒体传播路径为城市形象的构筑和传播带来了前所未有的便利,同时良好的城市形象又为城市提供了有形与无形的资产。国际媒体视角下的全球城市软实力评估指标体系构建为城市形象的形成提供了重要依据,媒体使用差异化的符号取代了客观的社会真实,从而成为城市塑造形象的主要认知来源,媒体报道的议题选择、框架构建在很大程度上影响人们对城市的认识和评价,国际媒体视角下的全球城市软实力评估指标体系构建符合这种客观事实,也与城市形象构建的主要元素紧密相关联。

从前面所列举的国际权威城市软实力评估指标体系来看,对城市软实力的分析多是单一维度的考察,如联合国教科文组织"创意城市网络"和" 欧洲文化之都"项目都重视文化创意产业发展和文化建设,2ThinkNow"创新城市指数"突出城市文化资产价值,《机遇之城》强调健康安全及宜居性,OECD 生活质量指数更关注城市生活质量,也有国际大都市软实力评价属多指标综合评价体系,但评估指标赋权带有主观随意性。国际媒体视角下通过国际媒体大数据对全球国际性城市形象的构建规律进行分析,根据实际测评中数据的可得性,参照其他现有城市软实力指标评估体系,对全球国际性城市软实力评估指标进行量化构建,更客观地从媒体角度描述出城市形象构建的要素与权重,与传统的专家经验判断相比具有更强的科学性，可以为城市发展提供科学、客观的量化依据，从而科学地指导决策方针的制定。

第五节　国际媒体视角下的上海城市软实力表现

上海作为中国的经济、文化和国际交流中心，从构建的国际媒体视角下的全球城市软实力评估指标体系来看，其城市软实力表现出色。

一、城市经济（商业活动）

上海作为全球重要的经济中心，其经济活力和商业环境在国际媒体中得到了广泛认可。

金融和商业服务：上海拥有比较完善的金融服务体系，包括期货交易所、证券交易所、银行和保险公司，为国内外企业提供全面的金融服务。上海、纽约、伦敦都是全球金融中心，拥有强大的金融服务能力，纽约和伦敦长期以来一直是全球金融服务的领军者，不仅是全球金融市场的中心，也是国际金融机构的总部所在地，拥有极高的国际声誉和影响力。东京和新加坡也是重要的金融枢纽，而巴黎则以其时尚和奢侈品行业著称，与纽约、伦敦、巴黎、东京和新加坡等国际金融中心相比仍存在一定的差距。

经济影响力：上海的 GDP 增长率、跨国公司总部数量、世界 500 强企业数量、上市公司数和股值等指标均显示出其强大的经济影响力。纽约和伦敦由于其历史悠久的全球经济地位，具有显著的经济影响力。上海正迅速崛起，GDP 增长率持续保持在较高水平。

投资环境：上海以其优秀的人才留存度、较低的商业风险、合理的公司税率和薪资水平，为投资者提供了良好的投资环境。新加坡以其优越的商业环境和税率优势吸引外资，纽约作为全球金融中心之一，吸引了大量的优秀人才，其丰富的就业机会、高标准的教育资源以及多元的文化环境都使得这座城市在人才留存度上表现优异。

研究与创新：上海在研究与创新方面表现突出，拥有大量的研究人员、专利、研发经费和研究机构，以及创新公司，体现了其作为科技创新中心的地位。

二、城市居住环境

上海的居住环境在国际媒体中同样得到了积极评价，特别是在交通、教育和城市管理等方面。

交通：上海的交通网络发达，包括航空、港口、陆路和有轨地铁等，过境旅客数量庞大，显示了其交通的便利性和国际化水平。纽约、伦敦、巴黎、东京、新加坡等都拥有发达的交通网络，包括国际航线、地铁系统等，但上海在交通基础设施的快速发展上尤为突出。

教育：上海拥有包括211、985工程大学在内的多所国内名校，以及一流的学科和大量的在校学生，体现了其教育实力。伦敦和纽约以其高等教育机构闻名，上海也在积极提升其教育实力，但与前述几个城市相比还有待提高。

城市管理与服务：上海的政府服务满意度高，数字化服务水平先进，公务员平均学历高，刑事发案率低，显示了其高效的城市管理和服务。东京以其高效的城市管理和服务质量而闻名，而上海在数字化服务水平上不断取得进步。

生态环境：上海在生态环境方面表现良好，城市森林覆盖率、人均公共绿地面积、湖泊数量以及空气质量等指标均显示出其对环境保护的重视。

医疗卫生：上海的医疗卫生服务水平高，人口与医院的比例合理，医学研究机构数量众多，个人幸福感高。

三、城市文化

上海的文化软实力在国际媒体中得到了高度评价，尤其是在文化号召力和文化交流方面。

文化号召力：上海拥有丰富的非物质文化遗产和文艺活动，常住知名艺人和文化产业值高，文旅设施和文化景点丰富。巴黎以其艺术和文化资源著称，而上海则以其快速增长的文化设施和活动展现出文化号召力。

文化交流：上海举办众多国际体育赛事和会展，对外交流频繁，显示了其文化交流的活跃度。纽约、伦敦、巴黎、东京、新加坡等城市都是文化交流的重要枢纽，上海通过举办国际电影节、艺术展览等活动，加强了其文化交流的力度。

四、城市国际形象

上海的国际形象在国际媒体中得到了积极塑造，特别是在国际知名度和国际吸引力方面。

国际知名度：上海的城市日均搜索次数、社交媒体提及数、主流媒体提及数等指标显示了其国际知名度。纽约、伦敦和巴黎因其长期作为国际大都市的地位而具有很高的国际知名度，上海和东京作为亚洲的主要城市也在国际上享有盛誉。

国际美誉度：上海在境外民众和媒体中的满意度高，显示了其良好的国际形象。纽约、伦敦、巴黎、东京、新加坡等城市都通过各种外宣活动和国际事件提升其国际美誉度，上海通过世博会等大型活动提升了其国际形象。

国际形象推广：上海通过外宣媒体和形象大使积极推广其城市形象。

城市国际吸引力：上海吸引大量境外游客、常住外国人和国际留学生，显示了其强大的国际吸引力。

国际区域影响力：上海举办众多国际会议，拥有国际机构和国际媒体记者，具有显著的国际区域影响力。

上海在很多软实力指标上与其他全球城市相比具有竞争力，特别是在经济增长、基础设施建设和文化活动方面。然而，每个城市都有其独特的优势和特点，如纽约的金融和文化多样性、伦敦的国际影响力、巴黎的艺术氛围、东京的技术创新和新加坡的商业友好性。上海在继续提升其软实力的同时，也在积极塑造其独特的城市品牌和国际形象。

第六节　本章小结

长期以来，国内对城市软实力的印象往往局限于“文化软实力”，这个定义不仅过于狭隘，将城市文化与经济、制度、治理等环节割裂，影响了大众的正确认知。通过国际其他有影响力的城市软实力指标可见，城市软实力测评的维度呈多样化，超出了“文化软实力”范畴。

从现有城市软实力评估指标来看，指标的选取具有一定的主观性。媒介的传达是城市形象形成的主要方式，媒体报道能够对人们对城市的认知、观念和态度产生很大程度的影响，从而构建一个认知上的城市形象。本研究从国际媒体及社交媒体城市形象传播中的议题及情感等要素与已有的城市软实力评估体系相结合，采用熵值法和用户配比法相结合进行指标权重的计算，弥补了以往城市软实力评估方面专家法主观性的不足。

第五章　全球城市形象生成机制的理论阐释

媒体对城市形象的建构和传播具有独特且显著的影响，尤其是在主流媒体上的曝光能有效提升城市知名度（何国平，2010），人们即使没有直接接触过一座城市，也可以形成对它的印象。针对中国城市的国际知名度或全球城市形象的研究表明，西方媒体的提及率对大陆城市的国际知名度影响较大（陈云松、吴青熹、张翼，2015）。

“媒介对城市形象的塑造不是一种‘呈现’，而是一种意义化的‘再现’”（陈映，2009）。媒体从业人员在采编过程中必然受到语言文化、价值规范等因素的影响，因而在涉及城市形象的报道中，会不自觉地融入期待、偏见或价值判断。媒体报道的议题选择、框架构建、偏颇报道甚至刻意歪曲在很大程度上影响人们对城市的认识和评价，因此人们的“心理图像”与城市的真实状态之间往往存在偏差（何艳，2015；赵永华、吴雨泽，2016）。城市形象的最终状态可能是媒体报道中多种要素和框架相互竞争、相互作用的结果。

在城市形象的生成和建构过程中，媒体报道发挥着独特作用，能在短期内快速提升城市知名度，甚至改变城市形象或对城市知名度产生影响，如提及柏林和纽约，人们自然会联想到柏林墙倒塌和“9·11”事件。除了在当时引发全球媒体的关注和报道外，有些事件因其产生的划时代意义而被人们长期铭记。

作为人类文明的地理空间聚合点，全球城市是国际传播过程中的重要节点，其形象传播影响着城市的国际知名度或国际影响力，其生成过程则在不断重构人们对城市的认知，具有重要的经济、社会和政治内涵。生成机制是事物或现象形成的过程，跨越经验感知但真实存在，能用来解释可观察的事件发生的成因和过程（Blom & Morén，2015）。针对全球城市形象，本章讨论的生成机制主要指城市内在和外界的多种要素以不同方式融合作用，以在国际媒体报道中呈现特定的形象。

以历史文献及上述 2017—2021 年国际主流媒体涉沪新闻报道为基础，同时以上海外国语大学中国国际舆情研究中心长年对国际主流媒体涉沪新闻报道分析发现，讨论了城市形象生成机制的影响要素，尤其是全球媒体在城市形象生成过程中的作用。同时结合上海城市形象生成机制进行案例分析，讨论了全球化语境下，世界体系理论、议程设置和框架理论在我国全球城市形象生成机制过程中呈现的新路径和新趋势，尤其是本土化理论创新的可行性。

第一节　影响城市形象生成的内在要素

城市形象是一个包含多重影响要素的主观概念。安霍尔特认为，城市形象和国家形象不同，后者由于疆域广阔而复杂，区域差异大，难以概括，但城市相对具体，作为独立个体容易识别。他提出城市形象可以从存在感、地理位置、潜力、活力、居民和基础设施等六个维度进行衡量（Anholt，2006）。尽管城市形象可以分类进行量化衡量，但它仍旧是一种主观层面的认知，主要通过语言、大众媒体、个人经历、记忆和环境等共同作用而形成（Foot，1999）。如浪漫巴黎、活力纽约、热情里约，知名的全球城市大多有自己特定的形象标签（Anholt，2006）。城市形象的生成是城市本身和外部因素相互作用的结果，城市本身主要包括历史文化、功能定位、地标建筑和名人等，而外部因素指个人认识城市的途径，通常由个人经历和媒体报道构成。

城市本身的发展历史决定了它的国际知名度。陈云松等利用谷歌图书大数据，对三百年来中国近 300 个城市的国际知名度进行分析发现：①城市发展变迁具有一定的生命周期性，包括蓄势—兴起—发展—峰值四个阶段。②城市发展变迁受到重大政治历史事件和地缘变化（如政治中心的转换和历史性政治事件）的影响[①]。

每座城市都带有各自不同的记忆，历史文化是塑造和提升城市形象的重要资本。文化资源是城市的风俗人文状况的集中反映，需要在长期的历史积淀下形成，具有不可替代性，且随着时间推移不断增值。古建筑通常是城市历史文化的主要载体，也是地标性建筑，如北京故宫和雅典神庙。它们不仅对现代文明发展具有启发意义，还能促进城市形象的传播[②]。

城市的功能定位在一定程度上影响着城市形象的塑造。作为中国的首都和政治中心，北京在国际媒体中多被指代中国或中国政府，相关报道多集中于政治事务，人们对北京的认识也因此多倾向于政治层面[③]；而对上海、广州的认识更偏向

---

① 陈云松，吴青熹，张翼.近三百年中国城市的国际知名度基于大数据的描述与回归[J].社会，2015，35(05)：60-77.

② 张鸿雁.城市形象与城市文化资本论——中外城市形象比较的社会学研究[M].南京：东南大学出版社，2002：132.

③ 欧亚，熊炜.从《纽约时报》看北京城市形象的国际传播[J].对外传播，2016(06)：48-50.

于经济层面①。城市的国际知名度还取决于这一城市在对外经济交流中的地位，上海在20世纪初经济发展迅猛，成为东亚最繁荣的港口和金融中心，于是很快成为当时中国国际知名度最高的城市（陈云松、吴青熹、张翼，2015）。

此外，城市地标、名人都会影响城市形象。天安门代表北京，埃菲尔铁塔象征巴黎。从某种意义上来讲，城市地标建筑给人们带来的直观视觉感受，是一种文化价值理念的表达，也起到塑造城市文化形象的作用。在文化功能上，城市地标甚至可以被视为城市综合实力的展示与文化软实力的象征。而建筑本身所融入的理念与形象，也构成了城市潜在的“文化资本”，成为城市独有的无形资产和核心竞争力（胡泊，2013）。

人作为城市的主体，既是城市形象的构建者，也是城市形象的传播者。其中名人以其异于普通人的文化价值、商业价值成为关注焦点，如莫言之于山东高密，姚明之于上海，他们在某种程度上塑造着城市的文化底蕴，影响着城市的经济发展，成为城市的名片，潜移默化地影响着人们对于城市的认知（陈英，2007；姜智芹，2015）。

第二节　上海城市形象全球传播的生成机制分析

作为我国的重要城市，上海已跻身全球城市行列。根据美国城市社会学家萨森的定义，以生产性服务业国际化程度、集中度和强度作为划分全球城市等级的标准（Sassen，2013），上海基本符合全球城市的标准。根据全球知名城市评级机构GaWC的测评②，上海也已被划分为世界一线城市。因此，上海的城市形象传播很多时候需要在全球层面开展③。

虽然全球城市形象的构建和传播是一个繁杂而漫长的累积过程，但全球媒体的报道仍是城市形象传播至关重要的路径，是国际社会了解和判断一个城市的重要渠道。

一、上海城市排名与媒体关注度趋同

自1843年开埠以来，上海以其在贸易、经济和文化等领域的卓越地位获得了

① 吴瑛，郭可，陈沛芹，等.全球媒体对上海国际大都市的形象建构研究[J].国际展望，2016，8(04)：1-23+152.

② 钱志鸿，陈田.发达国家基于形象的城市发展战略[J].城市问题，2005(1)：63-68.

③ Anholt S. The Anholt-GMI City Brands Index：How the world sees the world's cities[J]. Place Branding，2006，2(1)：18-31.

国际社会的广泛关注，其国际知名度甚至一度（1930—1948 年）超越北京等城市成为国际知名度最高的中国城市。在此期间，上海的媒体提及率也处于历史峰值。受历史因素影响，上海的城市形象在不同时期波动较大，20 世纪 30 年代，上海凭借中国早期开放的沿海港口城市的身份在西方国家被频繁提及，成为中国城市领头羊；在新中国成立初期知名度下跌，改革开放后再次呈上升趋势（陈云松、吴青熹、张翼，2015）。

目前，上海正在致力于打造综合型的卓越全球城市，提升国际影响力，因此上海是讨论全球城市形象生成机制的一个良好案例。2016 年全球知名城市评级机构 GaWC 认为 2016 年全球超级城市有 2 个：伦敦和纽约；而全球一线城市有 7 个：新加坡、香港、巴黎、北京、东京、迪拜和上海。

上述城市排名是全球城市形象生成机制的重要组成部分。从 2017—2021 年全球媒体的城市关注度排名来看（见图 5-1），除巴黎外，超级城市和一线城市的关注度与评级机构的排名基本趋同。从中可以看出，上海目前已经跻身全球一线城市。

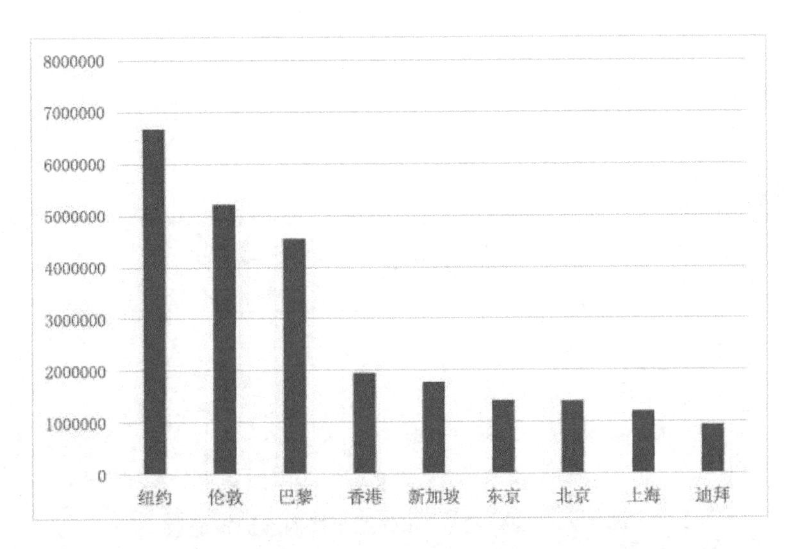

图 5-1　全球媒体对相关城市的新闻报道数量 2017—2021 年数据统计

二、媒体报道在全球城市形象生成机制中效果明显

上海外国语大学中国国际舆情研究中心 2014—2017 年对国际主流媒体涉沪

新闻报道分析发现，上海举办或发生的重大事件，如重大国家项目（2014 年自贸区试点、2015 年的科创中心、大飞机项目）、重大国际会议（亚信会议、G20 财长会议）、重大体育赛事（上海国际马拉松赛、上海高尔夫冠军赛、国际田联钻石联赛上海站、环球马术冠军赛、世界斯诺克上海大师赛、F1 中国大奖赛、上海网球大师赛）、重大文化事件（2016 年迪士尼、上海国际电影节、上海电视节等）和突发事件（2015 年的外滩踩踏事件）等，始终贯穿上海城市形象生成过程，吸引了全球媒体很高的关注度。

统计数据显示，2001 年以来，全球媒体的涉沪报道量基本保持稳步增长态势（见图 5-2）。全球媒体对于上海重大事件的报道显著提高了上海全球知名度，对上海形象的塑造和生成起到了重大作用。除了对于重大事件本身的报道外，全球媒体的报道内容还涉及与事件相关的行业和领域，甚至社会其他方面，进而全面提升了上海的全球知名度。例如，在世博会举办后，相关基础建设、建筑、居民生活、民俗风情等内容的报道量有所上升，且整体评价以正面为主（王振源、陈晞，2011）。由此可见，媒体报道已经成为上海全球城市形象构建和生成的重要路径。

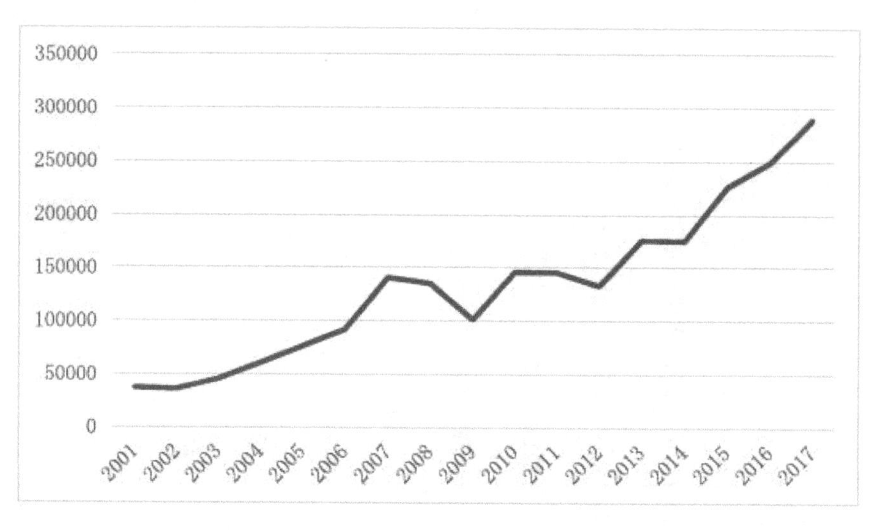

图 5-2　2001—2017 年外国媒体的涉沪报道量

同时，全球媒体通过对重大事件（尤其是突发事件）的广泛报道，全面关注上海和中国的社会发展。例如：2015 年初，上海发生“外滩踩踏事件”，外媒因此对上海市的公共安全管理提出了疑问；2016 年初，股市震荡引发了国际媒体对中国经济走势及其国际影响的猜测，以及对中国股市和经济的担忧；2017 年，迪士尼游乐园项目发生故障、东航客机紧急迫降等事件也受到了外国媒体的广泛关注。

三、外媒驻沪记者、国内媒体和官员成为上海形象生成机制中的主要信源

2014—2017年的上海城市形象分析报告还显示：多数国际媒体的涉沪新闻报道源于其驻沪记者。截至2015年12月底，外国驻沪新闻机构共有83家，共派有常驻记者112人，涉及日本、美国和法国等18个国家[①]。《华尔街日报》《南华早报》、路透社、美联社和法新社等国际主流媒体在上海都设有记者站，每年都有较大的发稿量，且媒体之间也有相互转载。

外国驻华记者的新闻报道有很强的自主性，他们有权自己决定选题；在稿件编辑过程中如果和编辑产生分歧，大部分记者拥有最终决定权（钱进，2012：68）。因此，国际主流媒体驻沪记者已经成为上海全球城市形象构建和生成的重要信息来源。

在这些不同语种的媒体中，英语媒体仍然占主导，西语、日语、俄语、法语、德语、阿语等语种媒体报道会随着议题不同而出现变化。随着我国"一带一路"倡议的实施，上海凭借其长江入海口的地理位置、优良国际性港口的地位和政策优势，正成为"一带一路"的关键节点，因此在近三年的国际主流媒体涉沪报道中，"一带一路"沿线国家对上海的关注度明显提升，阿拉伯语、西语和俄语媒体对上海的报道量呈明显上升趋势。

随着中国媒体国际影响力的提升，新华社、《中国日报》《环球时报》等机构和《上海日报》《上海证券报》、东方卫视、《文汇报》等上海媒体以及微信、微博等新媒体平台日益成为全球媒体的重要信息源。2017年数据显示，上海媒体对国际媒体的影响力已经超越了其他地方类媒体；微信、社交媒体也已成为全球媒体获取上海第一手信息的重要平台和信源，尤其是在突发事件的报道上，国际媒体常常把官方媒体发布的信息与微博、微信内容进行比对。

此外，上海政府官员、具有广泛影响力的智库和专家学者逐渐成为国际媒体的重要信息源。在涉及社会突发事件应对和处理、打击腐败等议题的报道时，政府官员成为国际媒体的重要信息源。而智库不仅对内成为政府决策的建言者、政策效果的评估者和社会舆论的引导者，对外也已经成为发出中国声音、构建城市形象和话语生成的重要信息来源，在为国际媒体塑造中国城市形象方面扮演着越来越重要的角色。

---

① Foot J. From boomtown to bribesville: the images of the city, 1980—1997[J]. Antimicrobial Agents & Chemotherapy, 1999, 59(9): 66-83.

第三节　全球城市形象生成机制的理论阐释

一、从世界体系理论反思全球城市形象的生成机制

伊曼纽尔·沃勒斯坦在 20 世纪 70 年代提出的世界体系理论受到广泛的认可并逐渐拓展到包括传播学在内的多个学术领域，其关注的对象也从最初的政治、经济和文化辐射延伸到全球信息传播，即在全球信息传播格局中也同样存在“中心—半边缘—边缘”的等级结构（吴瑛、李莉、宋韵雅，2015）。从 2017—2021 年的上海全球城市形象分析可以看出，像上海这样的全球一线城市的国际知名度正在不断上升，但无论是国际评测结果还是基于全球媒体新闻报道的监测报告都表明，上海仍落后于伦敦和纽约这样的超级国际城市，包括其他像新加坡、东京这样的一线全球城市。这说明，世界体系理论仍然适用于解释次中心等级城市的形象和话语生成机制，即在目前全球化的新媒体时代，全球新闻传播整体不平衡态势依然延续第二次世界大战以来的“西强东弱”的基本格局。在当前全球信息网络结构中，鉴于西方国家的整体软实力优势和英语语言的优势，全球信息流动的方向仍是从以西方为主的世界媒体（包括社交媒体）中心（伦敦和纽约）流向正在崛起但仍处在次中心的北京和上海这样的城市。

此外，世界体系理论指出，在“中心—半边缘—边缘”的等级结构中，城市等级随着全球社会发展而有所变化。中国社会持续发展，成为世界第二大经济体，国家总体实力不断增强，使国际格局不断发生变化。这样的世界格局也会影响上海等类似的全球城市的形象生成机制和传播模式的变化：上海作为中国一线全球城市的国际知名度和关注度会不断提升。这是近年来上海城市形象越来越受到全球媒体关注的主要原因，也可以解释为什么上海的官方信源和当地媒体越来越受到全球媒体的重视。

但上海城市形象的最后生成仍是由处于中心的全球媒体及其驻沪记者主导，也从一个角度说明像上海这样的城市形象生成在国际传播中的相对被动性。当然，随着中国的实力不断增强，上海的国际知名度和影响力持续提升，国际信息传播的这种“中心—半边缘—边缘”的等级结构也会变化，处在半边缘和边缘的城市被动性会有所改变。

二、议程设置和框架理论仍可有效解读全球城市形象生成机制

国际主流媒体涉沪新闻报道是全球媒体为其特定受众传达上海全球城市形象的过程。议程设置理论认为，媒体不仅能够设置议程，同时还能够提供语境，影响公众如何思考某个议题，即媒体不仅能决定受众想什么，还可以决定受众怎么想（Mccombs，Llamas，Lopez-Escobar & Rey，1997）。因此，国际媒体涉沪新闻报道在某种程度上直接影响了媒体受众对于上海的认知和判断，进而影响上海城市形象的生成机制。

不同国际媒体会就发生在上海的同一事件为受众设置不同的议程。例如，在有关国产大飞机首飞的报道中，《纽约时报》《华盛顿邮报》等表示国产飞机试飞成功象征着中国作为新兴超级大国的工业实力，表明中国在未来发展先进技术方面的雄心。《联合早报》指出中国大型客机项目取得重大突破，但要成为世界范围内具有竞争力的科技制造商还有很长一段路要走。而《产经新闻》《朝日新闻》等则表示中国独立研发国产飞机，对日本航空制造业构成威胁。面对同一事件，各家媒体从不同角度进行诠释，得出不同的结论，这会直接影响受众对事件的看法和对上海的态度。

这种差异还表现在全球媒体在突发事件的报道上以其自身立场来设置议程。如在全球媒体对 2015 年发生的“外滩踩踏事件”和股市震荡的部分报道中存在明显的误解和歪曲，由此直接影响其受众对于事件的认知和判断，进而影响对上海整体印象的形成。

全球媒体报道框架在城市形象生成过程中发挥着重要作用。既定的新闻生产框架往往带有倾向性，在影响受众认知的同时左右着人们的情感态度。赛莫特克和沃根伯格总结了五种常见的新闻报道框架：冲突框架、人情味框架、经济影响框架、道德框架以及责任归属框架。其中经济影响框架讨论事件对个人、组织、国家或地区的经济影响；责任框架则把问题的产生原因或解决办法归咎于政府、组织或个人的责任（Semetko & Valkenburg，2000）。这些框架在涉沪报道中多有出现。2016 年初上海股市震荡，各家媒体分别从不同角度进行报道，法国《费加罗报》和英国《泰晤士报》通过经济影响框架阐释了事件对全球股市和新兴市场国家的影响。

媒体报道的议程影响着受众了解某一城市的视角，报道框架的选择决定了受众对某一事件性质的认知和判断，而媒体长期的内容输出潜在地塑造着受众对于特定城市的印象。由此可见，西方媒体框架下的议程设置和框架理论依然可有效

解释媒体涉沪报道现状。

三、意识形态及国家战略竞争关系影响全球城市形象的生成机制

意识形态和中西方战略竞争关系对上海城市形象的构建有着深远的影响。上海作为中国的经济中心和国际化大都市，其城市形象不仅反映了中国的发展成就，也是中西方文化和价值观交流的前沿。在漫长的西方殖民史中，以美国为首的西方国家向来以傲慢的“他者”视角凝视东方，高人一等地审判着在历史渊源、政治体制、文化价值观等方面与之截然不同的东方，这一切根源于中西方意识形态层面的差异性。

在意识形态层面，中西方在价值观、自由观等意识形态领域的差异如鸿沟般难以逾越，导致双方难以互相理解。西方在不解中将中国视为自身发展的一大重要威胁，长期以“他者”的敌对视角凝视中国，用西方的思维模式探究中国行为与国情问题，并采用极具偏见性的话语策略进行表述，置客观公正的新闻理念于不顾。这一倾向在日常新闻报道中极为常见，上海作为中国最具代表性的先进城市之一，在新冠疫情期间的城市形象媒介表征也难逃其“他者”视角下的负面建构。

特朗普上台后，美方当局摒弃中美关系正常化以来美国两党长期坚持的对华“接触”战略，转而将中方视为“战略竞争对手(strategic competitor)”，认为美国国家安全威胁已不再是“9·11”事件中的恐怖主义，而是传统的大国竞争。白宫亦在其发布的《国家安全战略》报告中将中国与俄罗斯定义为“修正主义国家”，并把中国视作美国的“战略竞争对手”和主要威胁①。随后《美国对中国的战略方针》发布，美方表明将采取一种全面的政府策略，动员包括国会、各级地方政府、私营部门、民间组织以及学术界等在内的各方资源，以与中国进行战略竞争，标志着美国“全政府对华战略”的正式形成②。

随着中美战略竞争关系的加剧，美国主流媒体通过过分词化、引语模糊化处理等话语策略污名化唱衰上海城市形象，以实现强化自身话语霸权的目的，强化两国间的话语竞争与博弈之势，从而影响新闻报道中对于上海城市形象的建构。

---

① The White House.A New National Security Strategy for a New Era[EB/OL].[2021-06-25]. https://www.whitehouse.gov/articles/new-nationa-security-strategy-new-era/.

② 美国全政府对华战略解析[EB/OL].[2021-06-25]. https://baijiahao. baidu. com/s? id=1681870832589070996&wfrspider&for=pc.

四、探索城市形象生成机制研究的新路径：应用性研究的学理价值

从 2017—2021 年的国际媒体涉沪新闻报道的分析，总结全球媒体关于上海城市形象规律性的趋势和特征。通过对这五年的分析，本研究发现应用性研究虽然没有基础性的理论讨论，对于知识生产的学理过程和理论提炼相对偏弱，但其与学理性研究有互通之处。在探索城市形象全球传播的生成机制过程中，本研究发现应用性研究具有不可替代的优势，因为研究人员（一般在高校和科研单位）在开展应用性研究之前首先需要与委托部门进行良好互动，调研并明确研究的目标和方向。这样的互动和调研有助于研究人员及时获知城市形象生成机制中要解决的真问题和真挑战，也能更好地发现城市形象在全球传播环境下新的生成机制甚至新的传播模式。

当然，城市形象应用性研究要转化为生成机制的学理性研究也面临诸多挑战：全球城市形象传播研究需要跨学科的协作，这在我国当下划分过细的科研体系中会面临巨大挑战，有限的资源分配往往使得跨学科的研究较难开展；尽管问题导向明确，但毕竟应用性研究的需求与学理性研究的要求是不一样的，数据一般较难直接用于学理性研究。

尽管如此，本研究认为还是应积极探索把城市形象应用性研究转化为生成机制的学理性研究的路径，在运用国外的传播学理论的基础上进行中国本土化理论创新，这可能会开辟学理研究新的路径。

具体而言，本研究认为城市形象生成机制的学理性研究路径可以包括如下两个方面。

（1）把全球城市的定位目标和地理位置等因素（尤其关注像北京和上海等全球一线城市）与它们在全球媒体（包括社交媒体）中的城市形象塑造相互联动，通过它们可能的互动关系来研究这些城市形象全球传播的生成机制。这当中可以借鉴世界体系理论以及议程设置（建构）理论等在全球传播领域的应用，来讨论全球城市形象传播的生成机制的共性规律和发展趋势。

（2）关注城市重大事件、相关媒体报道与全球城市形象、城市国际知名度之间互动关系的研究，尤其可结合我国“一带一路”倡议涉及的沿线国家和不同文化圈，开展城市传播的可沟通传播模式以及城市形象在不同文化圈和不同媒体环境下的生成机制的相关研究。鉴于我国“一带一路”倡议的战略需求和问题导向，这方面不仅需要大量的应用性研究，也更需要有学理性反思和研究。

第四节　本章小结

全球城市形象传播的生成机制研究不仅涉及城市形象和生成机制的传统要素研究，还会覆盖全球城市在信息化时代全球传播格局中的定位和功能，以及它们在不同文化圈和社会制度之间的可沟通传播模式的研究。换言之，全球城市形象传播的生成机制研究是动态的和跨学科的，不仅需要结合动态的应用研究，也要融合新闻传播学、国际关系学、社会学和心理学等学科开展跨学科的学理性研究。

从目前文献来看，媒体对重大事件的报道是开展全球城市形象和生成机制研究很好的切入点。这既是因为重大事件本身和媒体的相关报道具有很高的可视度，也是由其研究数据获取的便利性和代表性所决定的。

在全球城市形象传播的生成机制研究过程中，研究者还可以更好地对源于西方社会环境的理论体系进行反思，如世界体系理论和议程设置（建构）理论在中国社会和中国全球城市形象生成机制中的适用性或本土化。目前看来，世界体系理论和议程设置（建构）理论都适合来解释和分析全球城市形象传播的生成机制的趋势和特征。但随着我国“一带一路”倡议的实施，全球城市传播研究越来越需要突出中国问题导向，这势必会催生大量应用性研究，也会催生新的研究路径和模式。这将为研究基于中国社会环境下的全球城市形象传播的生成机制以及本土化理论创新提供基础。

第六章　上海全球城市软实力建设与全球传播路径构建

城市软实力建设的核心应是提升城市形象。城市形象建设与城市乃至国家软实力的塑造密不可分,可以说,良好的软实力是城市形象传播的基础,而城市形象塑造则是软实力建设的核心,也是城市软实力的综合体现,要想提高城市乃至国家的软实力建设,做好城市形象的塑造与传播尤为重要(孟建、董军,2011)。全球化时代,全球一线城市都注重国际形象建构和软实力建设,由于城市各方面资源的不同,在不同的城市形象构建过程中各有所侧重,而且既有主动构建,也有被动构建,其构建过程也为国际媒体中的上海城市和软实力提升带来了启示,主动提升上海城市全球传播力是一项重要任务。

在全球化的今天,城市软实力已经成为衡量一个城市国际影响力和竞争力的重要标准。上海,作为中国的经济、金融、贸易和航运中心,一直致力于提升其全球城市软实力。上海的城市软实力建设与全球传播是相辅相成的,上海全球城市软实力建设也为全球传播提供了丰富的素材和动力,通过文化、经济、治理等方面的软实力建设,上海塑造了一个开放、创新、包容的国际大都市形象。全球传播为上海全球城市软实力建设提供了重要的支撑和保障,全球传播作为提升城市软实力的重要手段,对于上海来说,具有极其重要的意义。通过多渠道、多语种的全球传播,上海成功地将这一形象传递给了世界,提升了其在全球舞台上的影响力和竞争力。上海需要继续加强城市软实力建设,创新全球传播路径,通过加强全球传播,有效提升上海的文化软实力、制度软实力和价值观软实力,以实现可持续发展和国际地位的提升。

第一节　全球国际城市国际形象建构经验与实践

城市形象作为城市软实力的重要组成部分,对历史悠久、各种资源更加丰富的城市比如巴黎,其城市形象的构建更多的是一种自然的过程,是融入城市的漫长的历史发展过程之中的,而对于一些新兴的国际性城市来说,其形象还不是很成熟,还是在进一步的整合和提升之中，城市形象的传播者如何主动地构建城市形象，这一点对于正在发展中的有潜力成为国际性城市的城市来说更加具有借鉴意义。要成为国际性城市，除了在城市建设方面从城市的功能国际化以外还应该主动构建自己的核心城市形象，并通过多种传播手段将有关信息向国际范围内的受众者传播，这也是城市国际化道路中不可或缺的一部分，因而分析并总结全球一线城市国际形象建构和软实力建设对上海城市形象构建具有重要借鉴意义。

在经济全球化、信息网络化的时代，城市形象的全球传播不仅直接影响着城市的国际知名度与影响力，更在不断塑造城市软实力，建构着全球对城市未来发展的想象，全球一线城市通过各种手段来提升和加强城市形象，甚至还有一些城市根据自身发展的方向和前景首先预设城市形象构建的目标，然后根据这一预想用各种手段来塑造新的理想的城市形象。

一、创意城市标识，更新城市形象

创意城市标识是一种通过创新设计和艺术表达来更新和重塑城市形象的方法。它不仅涉及城市的视觉识别系统，还包括城市文化、历史、价值观和未来发展愿景的综合体现。通过精心设计和有效传播，城市标识不仅能够提升城市的视觉识别度，还能够增强市民的归属感，促进城市的文化发展和经济增长。

2016年，纽约启用了250个新的城市标识——其中的一些标识由政府机构自主设计。"我们意识到，一个文义清晰直观、设计风格统一的标识体系是展现城市特色的方式之一，特别是对于外来游客，好的指示标志能够让他们快速熟悉这个城市，也更容易在他们心中树立起良好的城市形象。"纽约城市营销及形象公关机构NYC& Company（负责传播和推广纽约市形象的官方旅游组织）的创意总监Emily Lessard说道[①]。这样做能够让纽约有了统一一致的视觉体验——对纽约这样地域广阔、人口众多的大城市来说非常重要，对那些和纽约一样部门机构相对独立、风格不统一的城市来说也同样重要。

2010年，新加坡旅游局发布了由BBH亚太公司设计的名为"你的新加坡"的新标志，取代了旧标志名称，在图形设计方面更加突出了新加坡的国际化[②]。

---

① NYC & Company undergoes brand refresh[EB/OL].[2022-08-19]. https://www.breakingtravelnews.com/news/article/nyc-company-undergoes-brand-refresh/.

② Yang Z, Chen K S. Research on City Image Building of Singapore under the Guidance of Urban Planning[J].Applied Mechanics and Materials, 2013, 409-410:979-985.DOI:10.4028/www.scientific.net/AMM.409-410.979.

UNIQUELY Singapore

创意城市标识的首要任务是明确城市的品牌定位。这需要对城市的历史背景、文化特色、经济实力、社会环境等进行全面分析，以确定城市的独特性和竞争力。创意城市标识不仅仅是视觉上的符号，更是城市文化的载体。它应该融入城市的历史故事、民俗风情、艺术成就等文化元素，使标识本身成为讲述城市故事的媒介。

城市标识通常包括标志(Logo)、色彩、字体、图案等视觉元素。这些元素需要简洁、易识别，并能够传达城市的核心价值和精神面貌。在全球化的背景下，城市标识还应该具有国际视野，使其能够在国际舞台上脱颖而出，吸引外来投资和旅游，提升城市的国际知名度。随着城市的发展和社会的变迁，城市标识也需要不断地更新和迭代。这不仅是为了跟上时代的步伐，更是为了反映城市的新面貌和新愿景。

二、打造特色地标，多角度利用建筑空间

2012 年 5 月 9 日，作为举世公认的工程学奇迹和纽约市的地标建筑，美国纽约帝国大厦宣布与照明领域的全球领袖——飞利浦携手合作，应用 LED 照明解决方案改造大厦的传统照明系统。双方通过合作开发出一套为帝国大厦度身打造的，应用最新技术的动态 LED 照明系统。该系统能够实时变换整个大厦的外立面和顶部灯光效果。除了具有更好的操控性和易于管理外，该系统还可实现最佳的照明效果，并通过照明凸显帝国大厦的建筑细节。凭借其标志性的灯光，帝国大厦经常参与庆祝世界范围内各种文化活动和运动。每逢重要时刻、事件、慈善组织活动、节、假日，帝国大厦都会点亮灯光，以示纪念。

新加坡为了打造文化娱乐品牌，则建立了大量的地标建筑形象，并将其作为宣传城市的有效途径。《城市规划》(2001)提出，新加坡需要建设更多的地标性建筑，以便人们更容易记住具有特色的新加坡，并要求 80%以上的人口所居住的普通和标准的公共住房要有自己的特征。

此外,伦敦等城市还充分利用了地铁空间,从而对城市形象进行构建①。地铁如今已经不仅仅局限于载客拉货的用途,它们已经打上了城市的烙印,深深印在城市体系之中,已经成为城市形象的物化符号,体现着城市独一无二的特色。作为世界上最早拥有地铁的城市,伦敦和它的地铁有着自己鲜明的特色。而地铁的特色也呼应了伦敦这座城市的形象:古老,庄重,高贵,眉宇间依稀能看到当年的辉煌——伦敦地铁,便是城市形象物化符号的典型代表。纽约亦是如此,例如"地铁小姐"等活动的举办以及卖艺者的涌入使得纽约市民与地铁日益融入,依据搭乘地铁与经过的区的不同而有完全不同的呈现(比如人们搭乘 R 号线就仿佛绕了地球一圈,从本地人、犹太人、亚洲人,到由 7 号线转车而来的更多亚洲面孔或是 E 号线来的中南美洲移民)。

三、多方合作,共同参与城市形象营销

新加坡鼓励公众参与文化活动,其最具特色的模式是 3P 模式,即"人民、私人和公共"(people, private and public)。在城市形象建设方面,这种模式对人们的生活观念以及新加坡在他们心目中的形象有着深刻的影响。在这种模式下,新加坡规划局制定了一个休闲计划"移动展览,我可爱的家"(A Mobile Exhibition, My Endearing Home),以及指南书《重新发现新加坡 2》(Rediscover Singapore 2),鼓励公众重新发现新加坡的遗产和游乐空间。

而伦敦和巴黎则选择共同合作。在旅游业正变得越来越全球化的时代,巴黎与伦敦及合作伙伴公司创建了一个"不要等待运动"(Don't Wait Campaign),为自己赢得了更多美国游客。在英国,还出现了城市与大学互动发展的新模式。国外知名高校如牛津、剑桥、耶鲁等,高校与城市的文化、产业等方面结合较好,也有效起到了助力城市发展、推动经济增长、提高城市知名度好感度的作用,对于所在城市的旅游形象也起到了良性的提升②。例如牛津大学的发展吸引了许多慕名而来,初到牛津的游客,同时也使得旅游业是牛津市重要的经济支柱产业之一。作为牛津郡旅游的门户,牛津市在 2010 年游客量达 950 万,带来了 7 亿 7000 万英镑的收入。

---

① 贾宁,常晓月,陈璐,贾婷婷,洪浩.地铁,行走的城市脉络——地铁与城市形象传播策略研究[J].广告大观(综合版),2012(12):101-127.

② 吴冰冰,刘英葭,刘晔,张佳琦,刘桢.城市与大学的对话——大学与城市旅游形象传播探析[J].广告大观(综合版),2011(12):111-133.

四、政府主导，推动文化产业发展以提升城市形象

2016 年，巴黎市政府阶段性地发布了名为《巴黎，我爱你》的城市宣传片，旨在对外重塑“光明之都”的形象，恢复和提升其对世界游客的吸引力。宣传片使用了大量直观的代表性视觉符号，构建了一个“艺术之都”“时尚之都”和“美食之都”的鲜明城市形象，而且还充分挖掘了这些符号背后的文化内涵，展现了巴黎“开放包容”和“勇敢无畏”的城市精神①。

除了政府领导下的城市宣传片外，多元文化产业的发展同样备受关注②。伦敦政府统计，截至 2010 年，在伦敦提供工作总量仅占全国 15%的情况下，伦敦创意产业所容纳的就业人口占英国创意产业总就业人口的 32%以上。文化创意产业带动了城市高质量的旗舰建筑、居住和商业开发、广场、喷水池、景观大道、街道景观等城市形象元素的更新，伦敦城市面貌焕然一新。这种模式是典型的政府积极参与型，政府从成立专门机构、帮助文化企业筹资融资、立法等方面全面推进，为文化创意产业构建了健康发展的大环境，才有了“创意伦敦”的产生。

巴黎则充分利用了自身具有独特优势的时尚理念，通过众多的奢侈品户外广告、创办时尚杂志、举办各类购物季活动等方式助力巴黎走向世界③。新加坡作为一个城市国家，多年以来一直坚持贯彻执行城市总体规划，努力找出适合自己发展的方向④。依靠系统的管理，新加坡在治理环境，发展科技，复兴历史文化街区，强化标志性建筑等方面都取得了巨大的成就，新加坡的城市形象建设基本上是在政府的城市政策指导下进行的，从政府层面的《城市规划》的制定到整体规划的具体实施，呈现出了今天充满活力的、时尚的、科技的“花园城市”。

第二节　国际媒体中的上海城市软实力提升

国际城市注重软实力建设，同纽约、东京、伦敦等其他国际大都市相比，上海的城市软实力影响相较其城市地位和影响还存在不对称、不均衡的制约问题，与上海加快国际经济中心、金融中心、贸易中心、航运中心、科技创新中心建设，并更好代

① 李芮.巴黎城市形象宣传片的传播策略[J].青年记者，2020(12)：98-99.

② 胡攀，罗锐华.城市形象塑造：基于文化产业视角[J].中华文化论坛，2016(10)：36-41.

③ 单娟，朱林晶，龙彦池.从营销策略视角看城市品牌形象的建构——以巴黎时尚形象为例[J].全球城市研究(中英文)，2021，2(01)：144-153+193.

④ 刘晓曈，杨永峰.浅谈新加坡的城市形象建设[J].门窗，2015(02)：41-42+58.

表中国参与国际竞争的期盼相比还存在一些明显短板，在软实力建设方面仍然有较大的提升空间。上海是中国国家形象的重要代表，历来受到重视，习近平总书记亲自提炼概括了上海城市精神和城市品格，对提升软实力作出一系列重要论述，为上海加快打造同具有世界影响力的社会主义现代化国际大都市相匹配的城市软实力指明了前进方向。为深入贯彻习近平总书记重要指示要求，进一步增强城市核心竞争力和世界影响力，2021 年 6 月中共上海十一届市委十一次全会审议通过《中共上海市委关于厚植城市精神彰显城市品格全面提升上海城市软实力的意见》，提出“着力增强全球叙事能力，扩大城市软实力的国际影响”，推进并加速上海城市软实力的提升。

上海城市软实力建设是一项关乎长远的重要系统工程，需要一系列政策制度体系保障，需要政府、企业、社会组织、市民老百姓多元协同，增强城市软实力已成为上海城市公共政策制定所不可或缺的一部分。近年来，上海大力创新话语体系，全面提升国际传播能力和国际影响力，在一步步崛起发展的同时塑造城市品牌形象，通过国际媒体提升上海城市软实力。

一、着力增强全球叙事能力，扩大城市软实力的国际影响

对于国际一线城市而言，追求扩大城市软实力的国际影响，提高全球叙事能力，其终极目的就是塑造鲜明独特的具有全球识别度的城市形象。全面提升上海的国际传播能力和国际影响力，更好向世界展示上海传统与现代交融、本土与外来辉映、有序与灵动兼具、文明与活力并蓄的社会主义现代化国际大都市形象。目前，西方主流媒体由于占据了信息传播的主体渠道，如何在带有意识形态偏见的西方媒体话语框架之下呈现客观真实、动态立体的中国城市形象，是困扰我国城市宣传工作者的一大难题。

(1)塑造城市品牌形象。全球性城市——伦敦、纽约、巴黎或东京，无一不具有鲜明的城市形象特征，从课题组数据分析来看，除了 YouTube 上海城市元素及品牌形象较突出之外，国际主流媒体及社交媒体则不明显，因此需要强化上海城市品牌形象塑造，以“上海元素”为核心，通过媒体构筑上海城市战略品牌，提炼体现独特内涵的上海城市形象视觉符号体系，精心设计城市地标、城市天际线、城市徽标、城市标语等形象标识。持续打响“金融中心”“上海制造”“国际文化大都市”“科创中心”“航运中心”等“上海品牌”，树立一批有口皆碑的新时代品牌标杆。建设上海城市形象资源共享平台，打造展示上海城市形象的优秀案例和品牌，支持鼓励使用上海城市形象对外推广标识、标语，通过全球化传播自己的品牌符号。

（2）讲好精彩城市故事。以“上海实践”为题材，加强国际传播能力建设，传播好中国精神和中国价值观。深化国际传播理论研究，掌握国际传播规律，创新全球叙事方式，用好本地资源，进行创新表达，推陈出新，深耕细作，充分展示人民城市建设、超大城市治理等成功实践，讲好科技创新与国际化文化交融，更好地向世界展示上海国际大都市的文明风貌，提升上海城市的知名度和美誉度。发挥“感知上海”平台作用，建强适应新时代国际传播需要的专业人才队伍，鼓励和支持各类民间主体参与对外传播，继续推出《百年大党——老外讲故事》，分享他们在中国在上海生活工作的所闻所见，营造“人人都是精彩故事传播者”的良好氛围。

（3）构筑对外交流平台。以“上海主场”为载体，构建国际交流体系，加强多层次文明对话，增进国际社会对上海的了解和认同。用好中国国际进口博览会、世界城市日等重大平台，通过举办国际赛事、会展、节庆、论坛等重大活动，提升上海城市国际形象。积极开展“中华文化走出去”，开展“魅力上海”城市形象推广。推进城市外交、民间外交和公共外交，深化友城交流，加强教育、文化、旅游、卫生、科技、智库等多领域合作，扩大海外“朋友圈”。优化长三角传播资源，联合开展对外交流合作，合力提升长三角城市群的国际影响力。

二、改善国际化城市生活体验，提升城市软实力

英国文化协会将“城市软实力”定义为“市民社会、居民和城市机构的工作与生活体验的总和表达”。国际化城市生活体验包含城市文化、艺术、娱乐等与生活息息相关的活动，良好的城市生活体验与城市品牌就像一块磁铁，吸引着全球居民、游客、研发投资与科技创新等资源的集中。国际城市媒体传播也不是“单向”地向外展示城市形象，更是“双向”的信息交流、交往体验、互动分享，国际访客影响力的数据分析表明，多数城市的国际访客关注度还停留在较低水平，一定程度上限制了城市国际影响力。上海城市国际影响力的一个重要方面就是吸引海外公众来到上海旅游、访问、学习、工作和生活，上海应从自身的国际化水平提升入手，加大文旅投资力度，完善基础设施建设，提升公共服务水平，加强国际访客友好程度，打造令人向往的国际城市目的地。

全球顶级城市如纽约、伦敦、巴黎、东京等都是顶级的国际文化集散地，具有强大的文化软实力。2017 年国际媒体对纽约、伦敦的报道中，文艺/娱乐、电影、音乐等文化议题的报道均占据举足轻重的位置，占据整个报道议题排行前 20 位，而国际媒体对上海文艺/娱乐、电影、音乐的议题分列 41、56、73 位，文化议题排名远低于纽约与伦敦等全球一线城市（见表 6-1）。尽管上海电影节、上海国际艺术节等系

列文化品牌在国内拥有一定影响力，但其国际影响力难以与纽约、伦敦等全球一线城市媲美，上海国际文化大都市的中心地位有待进一步提升。对此，上海应坚定文化自信，进一步加强文化建设，巩固对外文化交流，不断提升文化软实力，扩大对外文化交流合作，树立具有特色的“上海文化”品牌，打造国际文化大都会，将上海打造成真正的全球文化艺术之都，中外文化、艺术的荟萃地、交流枢纽。

表 6-1　国际媒体对全球都市文化相关议题的关注度

城市	文艺/娱乐		电影		音乐	
	排名	数量	排名	数量	排名	数量
纽约	6	925000	15	215000	16	480000
伦敦	14	365000	18	318000	17	324000
上海	41	4182	56	2951	73	2126

上海文化、教育、体育发展是打造上海人文之城的重要组成部分，上海需要进一步打造丰富高端的国际文体交流活动，营造浓厚的文化氛围和强大的体育社群，尤其是着力打造国际品牌活动和举办国际体育盛事，这一过程中既要高度体现国际化水平又要充分展现上海和中国特色。在上海的全球城市发展过程中，开展社会治理创新，提升精细化的社会管理和社会治理水平，在超大城市可持续发展、公共服务、城市规划和城市治理等方面为全球城市发展模式贡献智慧和范本。

城市治理体系和治理能力现代化是城市软实力的重要基础，在提升城市软实力上，全面提升城市治理现代化水平，努力增强市民获得感、幸福感、安全感，是增强城市核心竞争力的重要前提。上海作为国际大都市，应在疫情防控的基础上多举办国际性论坛或活动，主题可以涉及经贸、环保、时尚、体育、品牌、文化等方面。活动应充分欢迎在上海工作生活的各国各界人士，从而形成自上而下的传播机制，回应国际网友情绪和诉求、打破误解和偏见、减少文化折扣现象、强化精准传播和共情传播，在民心相通的基础上寻求国际认同，提升上海的国际议程引导力。

三、成立专门的城市形象传播的组织机构，提升城市软实力

城市软实力的提升是一个系统化的工程，从研究城市发展战略与管理出发，提升城市软实力需要像提升城市硬实力一样，能够进入政府的发展规划和发展政策，政府战略性推进、全社会参与，理论上的深化研究是必须的，所以需要政府层面成

立专门的组织机构，建立统一领导、多元协调的城市形象传播的组织网络和领导机制，为提升上海城市软实力进行规划与协调。

在香港城市形象传播过程中，以香港特区政府政务司和政府新闻处为核心领导的政府要素以及其他一些专业的营销机构对香港的城市形象战略的成功实行起了非常重要的作用。日本对东京奥运城市形象的规划与推进工作以“全日本（All Japan）体制”进行。所谓的“全日本体制”，是指日本中央政府、东京都政府、JOC（Japan Olympic Committee）、JPC（Japanese Paralympic Committee）、企业界等同时推进本部门负责的奥运会准备工作，东京 2020 组委会负责各部门之间的统筹协调。申奥成功后日本中央政府于 2014 年制定并公布了《关于推进 2020 年东京奥运会・残奥会准备及运转工作的基本方针》[1]，为东京奥运会的城市形象宣传进行指导。成立专门的城市形象传播的组织机构，能调到各方的力量，增强宣传的吸引力和号召力。

在上海市委宣传部和市委外宣办的领导下，上海城市形象资源共享平台 IP SHANGHAI 已列为提升上海城市软实力重要工作项目之一，走出了上海形象宣传的重要一步，探索出上海形象人人创作、人人展示、人人分享的国际传播新模式，有利于提升上海城市软实力。

第三节　提升上海城市全球传播力

人们即使没有直接接触过一座城市，也可以形成对它的印象。媒体对城市形象的建构和传播具有独特且显著的影响，尤其是在主流媒体上的曝光能有效提升城市知名度（何国平，2010）。针对中国城市的国际知名度或全球城市形象的研究表明，西方媒体的提及率对大陆城市的国际知名度影响较大（陈云松、吴青熹、张翼，2015）。

此外，“媒介对城市形象的塑造不是一种‘呈现’，而是一种意义化的‘再现’”（陈映，2009）。媒体从业人员在采编过程中必然受到语言文化、价值规范等因素的影响，因而在涉及城市形象的报道中，会不自觉地融入期待、偏见或价值判断。媒体报道的议题选择、框架构建、偏颇报道甚至刻意歪曲在很大程度上影响人们对城市的认识和评价，因此人们的“心理图像”与城市的真实状态之间往往存在偏差（何艳，2015；赵永华、吴雨泽，2016）。城市形象的最终状态可能是媒体报道中多种要素和框架相互竞争、相互作用的结果。

---

① 魏然.2020 年东京奥运会城市形象国际传播策略及启示[J].体育文化导刊，2017(03)：30-34.

在城市形象的生成和建构过程中，媒体报道发挥着独特作用，能在短期内快速提升城市知名度，甚至改变城市形象或对城市知名度产生影响，如提及柏林和纽约，人们自然会联想到柏林墙倒塌和“9·11”事件。除了在当时引发全球媒体的关注和报道外，有些事件因其产生的划时代意义而被人们长期铭记。

一些全球知名城市，如米兰、里约和洛杉矶，它们的国际形象传播都极大依赖于时装秀、狂欢节、奥斯卡奖等媒介事件（Anholt，2006）。在各类国际赛事和国际活动中，奥运会凭借国际化性质和全人类共享的体育竞技精神独领风骚，对全球城市形象塑造起巨大的推动作用。此类大型体育赛事的举办可以带动城市经济发展、完善基础设施建设、美化城市环境，为提升城市形象提供良好契机（沈建华、肖锋，2004）。2008 年北京奥运会使得北京成为世界瞩目的焦点，国际媒体对北京的新闻报道数量激增，甚至在此后的数年里，国际主流媒体关于北京的报道中几乎都会提及奥运会（欧亚、熊炜，2016；高金萍、王纪澎，2017）。2010 年世博会对上海也有类似的作用。世博会成为推进城市规划与建设的历史契机，城市自身不断发展与革新的过程设置了国际媒体议程——国际主流媒体不仅加大了对上海的报道力度，对上海的城市建设和科教医卫关注度也有所增加，总体城市评价提高（王振源、陈晞，2011）。

承办国际性活动也能吸引世界媒体的目光，博得全球受众的关注，使城市影响力在短时间内快速扩散，即使事后影响力随着时间推移不断衰减，也能维持相当长的时间（王振源、陈晞，2011）。不过也有研究指出，国际性活动对举办城市的影响短暂而有限。上海世博会只在承办期间影响了媒体议程，改善了媒体对上海的态度（Xue，Chen & Yu，2012）。

提升上海城市全球传播力，应该立足海外传播话语分析和受众分析，反映出海外普通公众的选择偏好，勾画出包含传播度、认知度和认同度在内的认知与接受状况，从而可以针对目标地区的区域性与时代特征，制定多元精细化动态传播策略，打造全媒体城市传播体系，构建多语种城市传播体系，做好标志性重大事件传播，挖掘与推广标志性城市品牌与特色，强化危机传播化解与回应制度，提高上海城市形象的海外传播效度。

一、打造全媒体城市传播体系

城市形象建设强调传媒的塑造作用，城市作为一个品牌应借助媒介传播扩大影响力和知名度。从涉沪国际传播来看，传播途径既有传统国际新闻媒体，也有国际社交媒体，形成多模态传播模式，而且传统国际新闻媒体与国际社交媒体关注的议题侧重点不同，传播效果与受众也有差别。新媒体在当前的城市形象塑造与传播中扮演的角色越来越重要，上海在继续强化官方机构和官员在引导主流媒体报道信源的地位同时也要采取灵活多样方式拓展对主流媒体的影响力，拓展国际传播渠道，以媒体整合战略为发展目标，传统媒体和新兴媒体在内容、渠道、平台、运营和管理等方面进行深度整合，充分关注各种类型媒介的传播效果，探讨全媒体上海对外传播的策略。

在传播主体日益下沉化的当下，城市形象的塑造成为软实力研究中的重要部分。要想提高城市乃至国家的软实力建设，做好城市形象的塑造与传播尤为重要。在软实力和城市形象的建造中，由于国内外主流媒体通常是传播资源最为聚集的载体，主流媒体以及新闻记者在其中的作用，西方记者在软实力塑造方面起到了关键作用，西方记者有可能成为软实力的合作者或对抗者，从本研究调查来看，他们仍是涉沪国际舆情的主力军，利用起主导地位的国际媒体传播上海的经济、文化、体育等，因此需要关注涉华记者的新闻报道并与他们形成有效沟通机制。

由于社会化媒体的参与性、互动性、开放性和透明性，社会化媒体也成为推广城市形象传播的载体之一，新的媒体环境给传播带来了巨大的变化，也给城市形象的传播注入了新的活力。关于社会化媒体上城市形象传播策略的研究不断涌现，社交媒体、短视频等新技术加持的传播方式成为新方向，图文、视频等多样化的传播形式促进城市形象的打造，使之更加鲜活具体。据《2021 年中国城市海外短视频平台影响力榜单》和相关报告显示，截至 2022 年 1 月 10 日，上海作为海外短视频社交平台 TikTok 上影响力排名第二的中国城市，根据参考智库与中外传播智库日前联合发布的“中国城市海外社交媒体传播力指数(2023 年 9 月号)”[①]，中国城市在运维海外社交媒体，如 Facebook、X(原 Twitter)、Instagram、视频平台 YouTube 和 TikTok 进行国际传播方面的主动性和能力正在稳步提升，但在综合传播力方面，南京、北京、重庆、厦门、杭州等城市处于领先位置，与国内其他城市相比上海的海外社交媒体综合传播力还有待提高。

上海城市形象国际传播不能拘泥于单向、灌输式的传播，而是双向、互动式的共同交流，从海外普通公众角度和话语体系出发，观察现有传播内容和传播策略，评估传播效果和接受度，方能做到知己知彼，减少国际传播中的“文化折损”现象，增强上海城市形象国际传播的实效。在推特(Twitter)上，可以借鉴其他城市的传播策略，如韩国首尔实行差异化传播策略，使用不同语言进行分区传播；日本注重

---

① City walk！中国城市闪亮海外社交媒体[EB/OL].[2022-11-25]. https://zhuanlan.zhihu.com/p/663214513.

打造个人及城市IP,使得熊本市的传播热度一度攀升;阿联酋阿布扎比则注重视觉化传播,采用专业化战略,为社交媒体用户呈现出最精美的视觉冲击,以赢得良好的城市印象(马缘园,2021)。相比之下,虽然我国许多城市都与国际社交媒体平台进行了链接,例如广州、成都和南京,但城市形象传播效果收效甚微,我国城市形象的国际传播特色有待提高。Wei,W.(2020)通过对TikTok平台上成都的城市形象传播现状进行分析后,发现了社交媒体传播对于城市软实力建造的优势,例如得益于社交媒体的音视频传播,川剧艺术获得了新的生命力,展示了我国传统文化的活力,而大熊猫的图片、视频传播,则展示了成都友好与好客的形象,都有利于城市乃至国家的软实力建设。

新时代的城市形象传播应基于数字城市驱动下的新内涵,探索新理念,依循新范式,探讨新策略①。尤其要跳出政治、经济、文化和历史等传统形象维度,重新聚焦以城市物质基础设施为底层逻辑的技术福利,尝试在时空虚实之间、日常体验之时和跨国交流之际重构数字城市传播场景,通过数字媒介传播,并且是由全球用户的数字参与共同生产和构建的新时代城市形象,关注生态环境、社会民生、市民想象等彰显人的幸福感、获得感和安全感的新维度,调谐人的主体诉求与媒介逻辑以及人的地方融入与情感想象。面向未来,数字城市形象塑造的全民参与度、个体传播力、平台辐射面将随着城市数字化进程的深入而进一步提升和扩大,并可能迅速向"元宇宙"等混合现实空间迁移,此种思考在后疫情时代的城市传播实践中更显其时代意义和人文观照。

二、构建多语种城市传播体系

语言是人类文化的载体,也是城市国际传播的钥匙。从当前上海的国际传播语种来看以英文为主,其他语种占比总体偏低,特别是西班牙、葡萄牙语是世界上少数几种分布广泛的语言,这种语言差异表明上海国际传播在覆盖地区和人群方面还存在重要盲区。

习近平总书记在主持中共中央政治局就加强我国国际传播能力建设进行第三十次集体学习强调"要全面提升国际传播效能,加强适应新时代国际传播需要的专门人才队伍",城市传播主体需要加强多语种国际传播人才、技术、内容和渠道建设,除了需要加强多语种人才队伍的培养与建设,培养适应新时代国际传播需要的

① 李颖.新时代城市形象的传播与数字场景重构[EB/OL].[2022-04-21].https://www.cssn.cn/xwcbx/cbx/202301/t20230103_5577757.shtml.

多语种、跨文化、外向型、国际化的复合型国际传播人才队伍，为提升上海及国家国际传播能力奠定坚实的基础，也需要充分利用人工智能翻译技术赋能城市传播，通过建构覆盖西班牙语、法语，特别是阿拉伯语、俄语等联合国官方语言的多语种城市传播网络，用贴近不同区域、不同国家、不同群体受众的精准传播方式，推进上海故事的全球化表达，使涉沪议题报道触达更多海外公众，在关注英语媒体的同时，关注不同语种媒体对上海城市形象的塑造作用，从而构建多语种城市传播网络。

三、做好标志性重大事件传播

重大事件是城市国际传播的重要机遇和挑战。武汉此次跻身浙江大学传媒与国际文化学院发布的《2021 中国城市国际传播影响力指数报告》全国第二，关键就在于当新冠疫情引发全球关注之时，武汉在全国人民的支援下，通过打赢疫情防控阻击战，赢得了世界人民的尊敬和赞许。从国际媒体具体内容数据显示来看，大型节事的举办会促进当前城市传播的研究，尤以体育赛事为主，冬奥会、亚运会、进博会等重要的国际赛事和会展活动成为城市提升国际传播影响力的重要契机，2008 年北京奥运会的成功举办，在展现中国国家形象的同时，为北京城市品牌建立和文化传播提供了国际舞台，东京因 2021 年奥运会的举办而引起了国际媒体的广泛关注。除了体育赛事，国际性的会议仪式也使特定城市的形象传播成为研究重点，借助 G20 峰会这一焦点事件，杭州传播了绿色节俭的城市理念，打造了环保低碳的宜居城市形象①。不论是新冠疫情这样的突发事件，还是进博会这样的策划事件，城市都需要在做好事件本身的基础上，把握议程设置的主动权与话语权，转危为机，趋利避害，展示更加真实、立体、全面的中国城市形象，重视不同新闻事件对上海城市形象的助推程度，研究成功案例的经验和模式。

对比国际媒体对上海与全球一线城市纽约、伦敦等报道议题，可以发现，2018 年国际媒体涉沪报道过度聚焦经济、金融议题，外媒中的上海形象呈现经济一枝独秀，其他议题难以为继。而国际媒体对纽约、伦敦等全球一线城市的报道不仅是经济、金融、贸易等议题，同时政治也是重要议题。而且，2018 年国际媒体在对纽约、伦敦进行报道时聚焦度最高的议题均为政治议题（见表 6-2）。纽约作为美国经济中心与联合国常驻地，伦敦作为英国的首都与政治中心，外媒在对这两座城市进行报道时，重点关注国内重大政治议题，因此，政治建设是打造全球一流城市必不可少的环节。

---

① 程翠平.G20 峰会与杭州城市形象传播研究[D]. 北京：北京交通大学，2017.

表 6-2　2018 年国际媒体对全球都市政治议题关注度

城市	排名	报道量
纽约	1	145000
伦敦	1	136000
北京	2	63300
上海	8	16307

相对于作为首都的北京而言，上海在政治议题方面影响较小。在此情况下，上海应积极争取更多国际组织、非政府组织等落户上海，通过泛国际政治议题提升国际媒体对上海的曝光度，提升上海城市形象和国际话语权。国际组织入驻是衡量全球一流城市竞争力和影响力的重要指标，是建设全球卓越城市的重要途径。纽约是全球规模最大和最有影响力的全球性国际组织——联合国总部的所在地，同时也是联合国儿童基金会、联合国开发计划署、联合国人口基金等国际组织的所在地。与纽约等国际一线城市相比，入驻上海的国际组织无论是在数量上还是在规模上都还存在较大差距。

四、挖掘与推广标志性城市品牌与特色

城市形象元素是城市的历史文化积淀、遗存和集体文化记忆，以及城市物质文明的发展水平与精神文明的状况和追求等汇聚而成的纵横贯通的识别性符号与共识性话语，它们是构成城市形象传播的叙述个性、叙事素材和叙事策略的资源库，与伦敦、纽约、巴黎等城市相比，相对于埃菲尔铁塔与巴黎，东京塔与东京，上海也有类似于上海中心大厦、东方明珠等这样兼具城市旅游与城市形象的标志物，继续在城市建筑中系统规划考虑，关注城市建设的规划设计，建设出更多能够代表上海城市精神和理念，具有独特视觉辨识度的标志性建筑，提高城市视觉的辨识度，为提升上海城市形象做出贡献。

美国杜克大学富奎商学院凯文·莱恩·凯勒(Kevin Lane Keller)教授在其著作《战略品牌管理》一书中指出："像产品和人一样，地理位置或某一空间区域也可以成为品牌。城市品牌将某种形象和联想与这个城市的存在自然联系在一起"，城市品牌是城市内在底蕴和外在特征的整体呈现，是一座城市区别于其他城市的独有标志，城市形象是城市品牌的载体，城市品牌是城市形象最有特色的内容，城市在国际传播中凸显自身特色，在世界城市之林树立独特鲜明的城市形象，从政治、

经济、历史、文化、科技、生态等方面提炼城市特质，塑造个性化的城市形象。

在城市形象传播与媒介推广中，如何打造城市品牌(city branding)逐渐被重视。城市品牌也被许多学者称为“非国家品牌”(un-nation branding)。与国家品牌建设相反，“非国家品牌”建设则是国家通过城市(或地区)以提高自身的吸引力。研究表明，仅有社交媒体传播，并不能有效提高人们心中的城市形象，而当社交媒体与城市品牌勾连在一起时，便会对城市形象有显著影响(Rohmah，N.，2022)。为了更好地进行城市形象传播，各类国际会议、体育盛事等媒介事件以及传统的文化资源都被调动起来，成为城市形象传播的基础。

城市品牌是展现城市个体特征的重要途径。良好的城市品牌不仅有助于提升城市的知名度和美誉度，使之广受瞩目与青睐，还可以产生巨大的凝聚力，甚至可以直接影响城市资金流、信息流、物流和人才流等资源的聚集和走向，增强城市的综合竞争力，带动城市和周边地区的发展。

五、强化危机传播化解与回应制度

除了积极、主动的传播外，城市的危机传播也是城市形象塑造的重要组成部分。学者(Avraham，E.，2021)曾通过对广告、网站、媒体报道等内容的挖掘，研究了2014—2019年间欧洲各旅游城市在89次恐怖袭击后如何挽回城市形象的策略。分析显示，信息策略占据主要位置。Avraham，E.，& Ketter，E.(2017)则选取了2008—2015年间相关国家的新闻报道、记者采访、宣传活动及其他宣传举措进行内容分析，研究撒哈拉南部非洲国家在危机期间及之后修复他们城市形象的媒体策略。研究发现，城市形象的危机传播中，信息来源策略(加强媒体合作、进行媒体封锁等)、信息策略(包括淡化危机和负面形象、减少危机的危害程度、发布对冲信息、与知名品牌与名人合作、危机的处理、迅速将负债转化为资产)以及受众策略(发扬爱国主义和国家或个人传统以及目标观众的改变)是主要的形象修复策略。

报告发现，上海媒体、上海的政府官员和上海高校的专家学者已成为外媒重要的消息源，而且随着外媒对上海报道量的不断攀升，这些消息源的重要性更为凸显。但在一些突发事件和重大事件中，“上海声音”的对外传播仍显不足。踩踏事故和股市震荡对上海的国际形象产生影响，“上海声音”缺失，外媒就会以其自身立场来设置议程。政府官员要直言中国立场，敢于为上海发声。相关部门应多通过Twitter、Facebook、Instagram新媒体和通过民间渠道进一步引导外媒的报道议程。

突发事件能否有效回应，这是衡量城市治理水平的重要维度。要健全体制机制，妥善处理好国际传播中的“小插曲”，这样才能奏出上海声音的“交响乐”。在贯彻落实“人民城市人民建，人民城市为人民”重要理念的同时，推进上海卓越全球城市的国际影响力。

第四节 重视重大公共卫生事件中城市形象传播

从美国主流媒体涉沪新冠疫情报道的分析，可以为接下来上海如何在重大公共卫生事件中做好城市形象传播提供以下启示。

一、及时研判外媒舆情，开展针对化新闻报道

舆情是指在一定社会空间内，随着某一热点性重大社会事件的发生、发展与变化，作为舆情主体的民众对国家管理者所持有的社会政治态度。境内外媒体的报道极大程度影响舆情的产生与发酵，进而左右公众对于事件最终结果的认知。因此，重大事件发生后，针对各方媒体舆情，尤其是外媒舆情的及时研判与回应必不可少。

在互联网络飞速发展的今天，境外媒体意见观念的表达呈现数字化特征，舆情文本得以在短时间内实现在线检索、存储与记忆（岳梦怡、陈超逸，2023）。基于此特性，重大公共卫生事件发生后，媒体应第一时间依托大数据、人工智能、算法模型、网络爬虫等新兴技术辅助手段收集境外媒体相关报道，通过关键词分析、情感分析、社会网络分析等维度开展境外舆情研判，及时掌握外媒针对我方公共卫生事件报道的动态情况，从而在此基础上迅速开展针对性新闻报道，有效回击西方媒体的偏见式抹黑，推动国际舆论走向平衡化。

二、强化突发事件应急管理，建立危机化解回应制度

重大公共卫生事件通常指的是对人类健康构成严重威胁、需要协调和采取紧急卫生措施来控制传播、预防和减轻其影响的突发性事件。这类事件往往是新出现的传染病，或是对已知疾病暴发的急剧且非正常的扩散，若不加以及时处理，势必对全人类生命健康造成严重威胁。

因此面对此类突发性卫生事件，媒体应加强应急管理，建立危机化解回应制度，借助新闻发布会、微博、微信公众号、抖音、B站短视频等渠道，第一时间针对疫情最新情况开展公开回应报道，不给外媒随意阐释抹黑做文章的空间，从而争取自

身对于公共卫生事件实情的报道权。

三、转变宏大叙事思维，聚焦柔性人情化表达

中国主流媒体在报道重大公共卫生事件时，倾向于启用以官方政府专家之声为主的宏大叙事模式，侧重报道的全局性、共识性与导向性，建构出举国上下齐心抗疫的积极城市形象，在重大突发公共卫生事件中起到了一定的稳定社会、弘扬社会核心价值观作用。

但这一模式存在着叙事难以与受众共情，传播效果不甚理想的弊端。中国主流媒体应适当借鉴美国等西方国家的报道模式，将叙事视角适当转移至普通民众，关注民众对于突发卫生事件的看法，通过引用小人物之声来讲好城市故事，同时适当创新叙事方式，在柔性的人情化表达中"以小见大"，传达城市特色精神风貌。如新华社播发的特写《海丝传奇：宋朝阿拉伯客商后裔在中国的制香传承》讲述了阿拉伯商人后人留驻泉州传承制香技艺，在共建"一带一路"中找到新机遇的动人故事，令人耳目一新的同时有效传播了泉州的城市制香文化。

四、挖掘上海特色元素，定制城市专属化议题

城市特色是一座城市独有的、突出的、具有代表性的元素，通常包括文化、历史、地理、人文等各个方面。城市形象传播则主要通过多种媒介渠道将城市特色元素传递给外部受众，从而形塑外界对该城市形象的认知与印象。可以说，挖掘城市独有特色，并进行针对性专属议题制定是城市形象传播的重要一环。

本研究收集的涉沪新冠报道样本几乎都仅局限于疫情暴发后产生的各级各层面影响，缺乏针对上海城市特色的专属深度议题，极度欠缺地域特性。媒体在设置重大公共卫生事件报道议题时，可适当深度挖掘上海特色元素，如上海的城市精神、市民日常生活、咖啡与酒文化等，并将其融入报道中，让新闻更有质感吸引更多读者的同时，实现对城市形象的塑造与传播。

第五节　本章小结

城市形象作为城市软实力的重要组成部分，城市形象有助于城市软实力的提高，做好城市形象的塑造与传播尤为重要。全球一线城市国际形象建构和软实力建设对上海城市形象构建具有重要借鉴意义。要借鉴创意城市标识，树立起良好

的城市形象;打造特色地标,多角度利用建筑空间。在城市形象建设方面,多方合作,共同参与城市形象营销。在政府的城市政策指导下,推动文化产业发展以提升城市形象。

同纽约、东京、伦敦等其他国际大都市相比,上海的城市软实力影响相较其城市地位和影响还存在不对称、不均衡的制约问题,上海大力创新话语体系,全面提升国际传播能力和国际影响力,在一步步崛起发展的同时,塑造城市品牌形象,通过国际媒体提升上海城市软实力。

第七章 结 语

城市形象是公众对于城市的物质资源、人文环境、历史文化、精神气质等要素的综合印象与评价(陈映,2009)。随着现代社会的城市发展竞争日益激烈,城市形象已成为一座城市软实力的重要构成部分,其形象雅俗决定着城市能否在国内国际市场竞争中占据优势、吸引投资与人才并谋求更多发展资源(Avraham, 2004)。城市形象的传播亦能有效推动一座城市的文化社会发展,促进城市间的来往互动。因此,塑造良好的城市形象逐渐成为各大城市发展战略的重要组成部分。

在城市间发展竞争日益激烈的今天,城市形象已成为一座城市软实力的重要构成部分。上海作为长江三角洲区域的核心城市,同时也作为我国的国际经济、金融、贸易和航运中心,作为我国的重要城市,上海已跻身全球城市行列,也是国家形象重要组成部分,推进上海国际大都市形象的塑造和国际传播,对实现习近平总书记提出的“展示真实、立体、全面的中国”“塑造可信、可爱、可敬的中国形象的目标”具有重要意义。

第一节 本书的主要工作

本研究以数据驱动为基础,通过文本挖掘和数据对比分析,结合文献调研,考察了上海全球城市图景与软实力,并为提升上海城市软实力和国际传播能力提出了对策建议。本书的主要工作如下:

(1)本研究揭示了国际主流媒体和国际社交媒体中的上海城市形象传播的宏观与微观特点和特征,考察了国际媒体和社交媒体话语中上海城市形象的区域分布及共性与个性特征,全方位了解不同区域媒体和海外普通公众关注的涉沪话题和信息需求,为探究讲好上海故事、提升上海国际形象的路径和策略奠定了基础。

(2)对全球不同区域普通公众对上海城市形象的认知、情感、接受度进行了分析,多维度考察海外普通公众对上海城市形象的概念构成和情感倾向,揭示了上海城市形象国际传播的效果与影响力,获取上海城市形象国际传播的接受路径,为提升上海城市形象国际传播特色与发展重点提供参考。

(3)通过国际媒体大数据，根据实际测评中数据的可得性，参照其他现有国际城市软实力指标评估体系，对全球国际性城市软实力评估指标进行量化构建，客观地从媒体角度描述出城市形象构建的要素与权重，构建了基于国际媒体视角下的全球城市软实力评估指标体系，为上海在国际大都市建设方面取得成效与发展空间提供了重要的参照维度。

(4)通过对 2017—2021 年间的国际媒体涉沪新闻报道分析，以及上海外国语大学中国国际舆情研究中心长年对国际主流媒体涉沪新闻报道分析，以上海全球城市形象为例，对全球城市形象生成机制进行了理论阐释，并提出了上海全球城市软实力建设与全球传播路径构建。

第二节　研究局限与研究展望

本书对国际媒体中的上海全球城市图景与软实力进行了比较深入、全面的研究，但也存在一些局限性，还有不少需要改进及细化的地方。

一、数据采集整理及分析

首先，研究使用的数据来自海外主流媒体话语、社交媒体公众话语，这可能无法全面覆盖所有区域和群体的观点，同时，国际媒体的报道可能受到其自身文化偏见和价值观的影响，这可能会对上海城市形象的呈现造成偏差；其次，数据量大，分析计算任务大，计算周期时间长，目前很多地方是采用采样的方式进行分析，有些研究有待继续开展。研究聚焦于 2017—2021 年间的数据，这意味着更近期的发展和变化可能没有被包括在内，有待持续的跟踪。

二、上海城市形象认知与认同的区域国别语境化阐释

目前主要用海量数据和梳理相关文献来揭示海外普通公众对上海城市形象的认知与认同状况，有待调查国外普通公众的媒体渠道偏好，从而了解上海国际形象建立路径，并系统评估上海城市形象传播的接受程度和效果，把微观的接受状况与宏观的社会语境阐释相结合，进行国际关系学和传播学等多视角综合分析。

本研究尽管对全球不同区域普通公众对上海城市形象的认知、情感、接受度进行了分析，但具体的分析方法和深度未在文本中详述。

三、国际媒体视角下的国际城市软实力评价指标优化与改进

与以往国际城市软实力评价指标不同，本研究采用数据驱动与专家咨询的形式构建了媒体视角下的国际城市软实力评价体系，与传统的专家经验判断相比具有更强的科学性，可以为城市发展提供科学、客观的量化依据。本研究有待继续对国际媒体视角下的国际城市软实力评价体系进行优化，并使用构建的国际城市软实力评价指标展开国际城市软实力比较分析。

尽管构建了基于国际媒体视角下的全球城市软实力评估指标体系，量化评估的客观性和准确性可能会受到数据可得性和评估方法的影响。

四、国际媒体视角下全球城市形象生成机制的理论阐释

研究也提出了全球城市形象生成机制的理论阐释，但本研究更多的是以上海全球城市形象为例，对全球城市形象生成机制进行了理论阐释，理论框架是否适用于不同文化和政治背景下的全球城市尚需进一步探讨。

参考文献

[1] 薛可,栾萌飞.中美新闻框架下的上海形象建构——基于《纽约时报》与《中国日报》的对比研究(2007-2016)[J].新闻记者,2017(03):63-70.

[2] 付翔,徐剑.《纽约时报》和《泰晤士报》中的上海形象研究(2010—2017)[J].新闻界,2020(02):80-87.

[3] 郭可,陈悦,杜妍.全球城市形象传播的生成机制及理论阐释——以上海城市形象为例[J].新闻大学,2018(06):1-8+146.

[4] 上海市人民政府新闻办公室."魅力上海"城市形象对外传播的探索[J].对外传播,2018(10):62-64.

[5] 费雯俪,童兵."海派时尚文化"的媒介镜像:上海城市形象对外传播的优化策略[J].现代传播(中国传媒大学学报),2021,43(09):28-33.

[6] 王仲昀.《新民周刊》封面报道中的上海城市形象建构研究(2015—2018)[D].上海:上海师范大学,2019.

[7] 彭莹.西方媒体对上海城市形象的刻画——基于《纽约时报》15 年对上海报道的内容分析[J].报刊荟萃,2017(11):27+29.

[8] 董琇.美国媒体笔下的江南城市形象研究——以上海、苏州为例[J].同济大学学报(社会科学版),2019,30(04):103-114.

[9] 林伟豪,廖宇,翁晓玲.政务微博的政府品牌形象塑造策略——以"@上海发布"新浪政务微博为例[J].东南传播,2012(09):41-43.

[10] 刘洋,谭蓓.基于微博模式的城市品牌营销研究[J].黑龙江对外经贸,2011(05):105-106.

[11] 郑子然.政务微博对政府形象塑造的研究——以"上海发布"与"合肥发布"为例[J].黑龙江人力资源和社会保障,2021(12):9-11.

[12] 祁慧媛,薛雯."上海发布"微信公众号——微信矩阵模式的构建策略解析[J].新闻传播,2017(04):94-95.

[13] 王思宇,薛可.宣传片对城市形象的传播效果分析——以上海为例[J].新闻研究导刊,2017,8(01):29+64.

[14] 殷雪涛.城市宣传片对城市形象的塑造力研究——以五部上海形象宣传片为例[J].新媒体研究,2019,5(22):119-121.

[15] 王思宇,薛可.宣传片对城市形象的传播效果分析——以上海为例[J].新闻研究导刊,2017,8(01):29+64.

[16] 施明远.颠覆与重塑:基于抖音短视频的上海城市形象传播建构[J].西部广播电视,2020(04):67-68.

[17] 史菲. 举办大型体育赛事对提升上海城市形象的策略研究[D]. 上海:上海体育学院,2013.

[18] 纪文慧,王大可.从世博到进博:上海全球城市形象的传播与变迁[J].东南传播,2019(04):56-59.

[19] 刘昊,夏王婷.电影对城市形象多元化构建:以重庆为例[J],传媒论坛,2019(22):21-23.

[20] 李华君,张婉宁.G20 期间杭州城市品牌符号体系建构——基于杭州城市形象宣传片的内容分析[J].品牌研究,2016(05):81-89.

[21] 赵志奇.视觉・行为・理念——纪录片《城市 24 小时》对城市形象的建构研究[J].中国电视,2020(07):36-39.

[22] 杨凯.城市形象对外传播的新思路——基于外国人对广州城市印象及媒介使用习惯调查[J].南京社会科学,2010(07):117-122.

[23] 何春晖,陈露丹.城市品牌国际化传播中的讲故事模型探索——基于杭州的定性研究[J].对外传播,2018(06):23-26.

[24] 黄俊,何兴舟.重庆国际旅游媒介形象研究——基于海外社交媒体用户的扎根理论分析[J].时代经贸,2022,19(11):133-136.

[25] 何国平.城市形象传播:框架与策略[J].世界城市战略,北京 2010 博士后学术论坛,2010.

[26] 李颖.新时代城市形象的传播与数字场景重构[EB/OL].[2022-05-24]. https://www.cssn.cn/xwcbx/cbx/202301/t20230103_5577757.shtml.

[27] Foot. J. M. From boomtown to bribesville: the images of the city, Milan, 1980-97[J].Urban History, 1999, 26(3):393-412.

[28] [美]凯文・林奇.城市意象[M].方益萍,何晓军,译.北京:华夏出版社,2001:35-64.

[29] 何国平.城市形象传播:框架与策略[J].现代传播(中国传媒大学学报),2010(08):13-17.

[30] 陈映. 城市形象的媒体建构——概念分析与理论框架[J].新闻界,2009(05):

103-104+118.

[31] Gorham B. W.,Stereotypes in the Media: So What? [J].Howard Journal Of Communications,1999,10(4):229-247.

[32] 刘路.论城市形象传播理念创新的路径与策略[J].城市发展研究,2009,16(11):149-151+156.

[33] 王淼.微博上的城市形象传播[D].上海:上海外国语大学,2013.

[34] 韩隽.城市形象传播:传媒角色与路径[J].人文杂志,2007(02): 192-193.

[35] 何春晖,刘依卿.城市形象传播的媒介思考[J].国际公关,2005(06):54-55.

[36] 曹劲松.城市形象传播的基本原则[J].现代传播(中国传媒大学学报),2012,34(12):47-49.

[37] 刘路.论城市形象传播理念创新的路径与策略[J].城市发展研究,2009,16(11):149-151+156.

[38] 邓元兵,范又文.政务短视频对城市形象的建构与传播——以"上海发布"等政务抖音号为例[J].中国编辑,2021(11):62-66.

[39] 王梦源.基于小红书UGC模式的城市形象传播研究[J].新闻世界,2021(12):78-81.

[40] 韩隽.城市形象传播:传媒角色与路径[J].人文杂志,2007,000(002)192-封3.

[41] 王天夫.数字社会与社会研究[N].中国社会科学报,2021-10-20(008).

[42] 朱萌,龚为纲.计算社会科学:一种新研究范式[N].中国社会科学网-中国社会科学报,2020-11-18.

[43] 喻国明,杨雅.传播学研究范式的转型与媒介进化[N].中国社会科学报,2022-09-22(003).

[44] 唐珏岚.改革开放时代上海城市性质定位的演进[J].创造,2018(08):24-25.

[45] 杜秀峰.海外社交媒体视域下佛山城市形象国际传播策略研究[J].新媒体研究,2021,7(02):100-103.

[46] PEWRESERRCH: Social Media Use in 2021 [EB/OL]. [2022-07-25]. https://www. pewresearch. org/internet/2021/04/07/social-media-use-in-2021/.

[47] 中国政府网.证监会发布《关于在上海证券交易所设立科创板并试点注册制的实施意见》[EB/OL].[20122-11-31]. http://www.gov.cn/xinwen/2019-01/31/content_5362765.htm.

[48] 刘超,熊开容,张裕譞,等.宣传片镜头下的城市符号建构与形象塑造:基于广州2013—2020年101部城市形象片的内容分析[J].城市观察,2022(06):

112-127＋163.

[49] 孙湘明,成宝平.城市符号的视觉语义探析[J].中南大学学报(社会科学版),2009,15(06):795-800.

[50] Ferdinand de Saussure. Course in General Linguistics[M]. Perry Meisel and Haun Saussy (trans.), Wade Baskin (eds.), New York: Columbia University Press, 2011:58.

[51] Charles Sanders Peirce, Collected Papers of Charles Sanders Peirce[M]. Charles Hartshorne and Paul Weiss(eds.), Cambridge: The Belknap Press of Harvard University Press, 1974:126.

[52] Potter W J, Riddle K. A content analysis of the media effects literature [J]. Journalism & Mass Communication Quarterly, 2007, 84(1): 90-104.

[53] 外国人眼中的上海国际文化大都市形象调查[EB/OL].[2022-10-25]. https://www.thepaper.cn/newsDetail_forward_10249235.

[54] 胡键.城市软实力的构成要素、指标体系编制及其意义[J].探索与争鸣,2021(07):46-48.

[55] Nye J S. Soft power[J]. Foreign policy, 1990(80): 153-171.

[56] Gilboa E. Searching for a theory of public diplomacy[J]. The annals of the American academy of political and social science, 2008, 616(1): 55-77.

[57] 许云霄.深化城市软实力的内涵理解和评价指标体系构建[EB/OL].[2023-06-25]. https://m.thepaper.cn/baijiahao_22250901.

[58] Snow, N. Rethinking Public Diplomacy in the 2020s[A].// Snow, Nancy, Taylor. Routledge handbook of public diplomacy [M]. New York: Routledge, 2020:3-11.

[59] Taylor P J, Catalano G, Walker D R F. Measurement of the world city network[J]. Urban studies, 2002, 39(13): 2367-2376.

[60] Boyer R, Boyer R, Savageau D. Places rated almanac: Your guide to finding the best places to live in America[M]. Rand McNally, 1985.

[61] Liu B C. Quality of life indicators in US metropolitan areas[M]. San Francisco: Praeger, 1976.

[62] Smith D M. The geography of social well-being in the United States: An introduction to territorial social indicators[M]. McGraw-Hill, 1973.

[63] 2021 Global Cities Report[EB/OL].[2022-4-17]. https://www.kearney.com/global-cities/2021.

[64] 2021 Global Power City Index 2021.[EB/OL].[2022-4-17]. https://mori-m-foundation.or.jp/english/ius2/gpci2/index.shtml.

[65] Cities of opportunity[EB/OL].[2022-7-17]. https://www.pwccn.com/en/cities-of-opportunity/cities-of-opportunity-7.pdf.

[66] Hot Spots 2025 Benchmarking the future competitiveness of cities.[EB/OL]. [2022-7-17]. https://www. citigroup. com/citi/citiforcities/pdfs/hotspots2025.pdf.

[67] Wachsmuth D, Cohen D A, Angelo H. Expand the frontiers of urban sustainability[J]. Nature, 2016, 536(7617): 391-393.

[68] 2021 Global Cities Report[EB/OL].[2022-6-17]. https://www.kearney.com/global-cities/2021.

[69] 2021 Global Power City Index 2021[EB/OL].[2022-6-17]. https://mori-m-foundation.or.jp/english/ius2/gpci2/index.shtml.

[70] Cities of opportunity[EB/OL].[2022-4-17]. https://www.pwccn.com/en/cities-of-opportunity/cities-of-opportunity-7.pdf.

[71] Hot Spots 2025 Benchmarking the future competitiveness of cities[EB/OL]. [2022-6-17]. https://www. citigroup. com/citi/citiforcities/pdfs/hotspots2025.pdf.

[72] Hoyler M, Watson A. Global media cities in transnational media networks [J]. Tijdschrift voor economische en sociale geografie, 2013, 104(1): 90-108.

[73] Taylor P J. Advanced producer service centres in the world economy[M]. Global Urban Analysis. Routledge, 2012: 48-65.

[74] Hanssens H, Derudder B, Taylor P J, et al. The changing geography of globalized service provision, 2000—2008 [J]. The Service Industries Journal, 2011, 31(14): 2293-2307.

[75] Krätke S. Global media cities in a world-wide urban network[J]. European Planning Studies, 2003, 11(6): 605-628.

[76] Sustainable Cities Mobility Index[EB/OL].[2022-8-17]. https://www.arcadis.com/campaigns/scmi/index.html.

[77] The World's View on Cities: An Online Study of the Reputation of 100 Cities [EB/OL].[2022-5-6].

[78] https://www.aeidl.eu/images/stories/pdf/cityreptrak2015.pdf.

[79] The World's Cities in 2018[EB/OL].[2022-5-7].https://www.un.org/development/desa/pd/sites/www.un.org.development.desa.pd/files/files/documents/2020/Jan/un_2018_worldcities_databooklet.pdf.

[80] Sevin, E. The missing link: cities and soft power of nations[J]. International Journal of Diplomacy and Economy, 2021,7(1):19-32.

[81] 胡键.城市软实力的构成要素、指标体系编制及其意义[J].探索与争鸣,2021(07):46-48.

[82] 徐剑.构筑城市形象的全球识别系统[J].探索与争鸣,2021(07):49-51.

[83] 龚娜,罗芳洲."城市软实力"综合评价指标体系的构建及其评价方法[J].沈阳教育学院学报,2008,10(06):28-31.

[84] 陶建杰.城市软实力综合评价指标体系研究[J].中共宁波市委党校学报,2010,32(04):62-67.

[85] 傅祖栋.长三角城市软实力评价体系的构建及实证分析[J].宁波经济(三江论坛),2014(06):40-43.

[86] 郭春燕,朱孔来.城市软实力评价指标体系和测度方法的实证研究——以山东省 17 市为例[J].西安财经学院学报,2014,27(04):79-85.

[87] 丁爱侠.城市软实力评价指标体系的构建[J].学理论,2015 (29):36-37.

[88] Grootendorst M. BERTopic: Neural topic modeling with a class-based TF-IDF procedure[EB/OL].[2023-04-01].https://doi.org/10.48550/arXiv.2203.05794.

[89] 陈云松,吴青熹,张翼.近三百年中国城市的国际知名度基于大数据的描述与回归[J].社会,2015,35(05):60-77.

[90] 张鸿雁.城市形象与城市文化资本论——中外城市形象比较的社会学研究[M].南京:东南大学出版社,2002:132.

[91] 欧亚,熊炜.从《纽约时报》看北京城市形象的国际传播[J].对外传播,2016(06):48-50.

[92] 吴瑛,郭可,陈沛芹,等.全球媒体对上海国际大都市的形象建构研究[J].国际展望,2016,8(04):1-23+152.

[93] 钱志鸿,陈田.发达国家基于形象的城市发展战略[J].城市问题,2005(1):63-68.

[94] Anholt S.The Anholt-GMI City Brands Index: How the world sees the world's cities[J].Place Branding, 2006,2(1):18-31.

[95] Foot J. From boomtown to bribesville: the images of the city, 1980—1997

[J]. Antimicrobial Agents & Chemotherapy，1999，59(9)：66-83.
[96] The White House.A New National Security Strategy for a New Era[EB/OL].[2021-06-25]. https://www.whitehouse.gov/articles/new-nationa-security-strategy-new-era/.
[97] 美国全政府对华战略解析[EB/OL].[2021-06-25].https://baijiahao.baidu.com/s? id=1681870832589070996&wfrspider&for=pc.
[98] NYC & Company undergoes brand refresh[EB/OL].[2022-08-19]. https://www.breakingtravelnews.com/news/article/nyc-company-undergoes-brand-refresh/.
[99] Yang Z，Chen K S.Research on City Image Building of Singapore under the Guidance of Urban Planning[J].Applied Mechanics and Materials，2013，409-410：979-985. DOI：10.4028/www.scientific.net/AMM.409-410.979.
[100] 贾宁，常晓月，陈璐，贾婷婷，洪浩.地铁，行走的城市脉络——地铁与城市形象传播策略研究[J].广告大观(综合版)，2012(12)：101-127.
[101] 吴冰冰，刘英葭，刘晔，张佳琦，刘桢.城市与大学的对话——大学与城市旅游形象传播探析[J].广告大观(综合版)，2011(12)：111-133.
[102] 李芮.巴黎城市形象宣传片的传播策略[J].青年记者，2020(12)：98-99.
[103] 胡攀，罗锐华.城市形象塑造：基于文化产业视角[J].中华文化论坛，2016(10)：36-41.
[104] 单娟，朱林晶，龙彦池.从营销策略视角看城市品牌形象的建构——以巴黎时尚形象为例[J].全球城市研究(中英文)，2021，2(01)：144-153+193.
[105] 刘晓曈，杨永峰.浅谈新加坡的城市形象建设[J].门窗，2015(02)：41-42+58.
[106] 魏然.2020 年东京奥运会城市形象国际传播策略及启示[J].体育文化导刊，2017(03)：30-34.
[107] City walk！中国城市闪亮海外社交媒体[EB/OL].[2022-11-25]. https://zhuanlan.zhihu.com/p/663214513.
[108] 李颖.新时代城市形象的传播与数字场景重构 [EB/OL].[2022-04-21]. https://www.cssn.cn/xwcbx/cbx/202301/t20230103_5577757.shtml.
[109] 程翠平.G20 峰会与杭州城市形象传播研究[D]. 北京：北京交通大学，2017.

索引